KB234357

알기 쉬운
ISO 50001
에너지경영시스템

알기 쉬운 ISO 50001

에너지경영시스템

발 행 일　2013년 4월 1일 초판 1쇄
편　　자　니시오 마사히로
옮 긴 이　이승희
감　　수　김석은
발 행 인　이종업
발 행 처　한국표준협회미디어
출판등록　2004년 12월 23일(제2009-26호)
주　　소　서울시 금천구 가산디지털1로 145, 에이스하이엔드타워3 11층
전　　화　02-2624-0362
팩　　스　02-2624-0369
홈페이지　www.ksamedia.co.kr

ISBN 978-89-92264-51-8 93320
값 14,000원

ISO 50001

에너지경영시스템

ISO/TC 242 일본심의위원회위원
워킹그룹 주사(主査)

니시오 마사히로 편

한국표준협회미디어

2011년 6월 15일, 에너지경영시스템에 관한 국제 표준(ISO 50001)이 발행되었다. 이는 일본은 물론 에너지 소비 대국인 유럽과 미국을 비롯하여 인도, 중국, 브라질 등의 신흥국까지 적용되는 세계 공통 표준이다. 에너지경영시스템이란 조직에서의 에너지 효율과 사용량 등의 에너지 성과를 지속적으로 개선하기 위해 마련한 시스템을 말한다. 에너지경영시스템의 확립은 유한한 자원에 대한 제약, 지속 가능한 에너지 개발에 대한 고민, 기후 변동 대책과 같은 국제적 과제를 해결해 주는 한편, 환경과 사회의 요청에 부응하는 동시에 원가 절감도 기대할 수 있다.

일본에서는 이미 1979년부터 '에너지 사용의 합리화에 관한 법률(통칭 성省에너지법)'을 시행하고 있어, 에너지 효율 제고라는 면에서 30년 이상의 역사와 실적을 자랑하고 있다. 1996년에 제정(2004년 개정)한 환경경영시스템에 관한 국제 표준(ISO 14001)의 틀 내에서 환경 측면의 한 부분으로 적용한 조직도 다수 있다. 이처럼 많은 실적을 자랑하는 일본은 ISO(국제표준화기구)/PC 242의 에너지경영시스템에 관한 표준 개발에 초기부터 적극적으로 참여해 왔다. 이미 법 규제를 실시하고 있는 일본은 표준과 법률의 관계에 대해 높은 관심을 가지고 대응해 왔으며 그 결과 ISO 50001은 성(省)에너지법과의 정합성을 확보한 표준으로 완성되었다. 한편 2011년 6월에는 ISO 50001을 정부 조달 고려 대상으로 한다는 발표도 있어, ISO 50001이 앞으로 더욱 주목 받을 것으로 예상하고 있다.

 2011년 3월 11일의 동일본대지진에 기인한 원전 사고로 인해 폭넓은 절전대책에 대한 필요성이 대두되고 있다. 이로 인한 새로운 에너지원의 확보가 모색되면서, 공급자와 수요자 모두 에너지 대책의 중요성을 분명하게 인식하게 되었다. 이러한 가운데 '에너지경영시스템', 'ISO 50001'이 중요한 화두로 떠오르고 있다.

이 책은 에너지경영시스템을 배우기 위한 입문서이다. 국제 표준 책정에 깊이 관여하였을 뿐만 아니라 성에너지법에 정통한 필자들이 풍부한 경험과 지식을 바탕으로 알기 쉽게 정리하였다. 에너지, 성에너지법, ISO 50001 등의 기본 개념부터 배울 수 있다는 점도 주목할 만하다.

이 책을 통해 ISO 50001과 기존의 체제를 재검토하여 보다 긍정적인 방향으로 개선할 수 있는 기회가 되기를 바란다. 지금까지 성에너지법에 무관심했던 사업자라도 현실에 맞게 에너지경영시스템을 구축, 운영, 개선한다면 조직의 지속적인 발전, 환경 보호, 국내외 상거래의 우위성 확보를 실현할 수 있을 것이라고 확신한다. 이 책이 도움이 되기를 바라는 바이다.

ISO/TC 242 일본심의위원회위원 워킹그룹 주사
(독립행정법인 산업기술종합연구소)

니시오 마사히로(西尾匡弘)

제1장 먼저 알아두어야 할 점

1. 에너지 ·············· 12

2. 성(省)에너지법 ··············· 30

3. 경영시스템 ·············· 52

제2장 ISO 50001이란

제3장 향후 전망

부록

먼저 알아두어야 할 점

에너지

1

1.1 에너지란

에너지라는 단어는 다방면에 걸쳐 여러 가지 의미를 가지고 있다. 하지만 에너지경영을 고찰할 때에는 취급 대상인 에너지에 대해 구체적으로 이해할 필요가 있다. 여기에서는 에너지를 이해하는 몇 가지 접근법을 열거하고, 에너지의 종류, 문제 등을 살펴보겠다.

가장 알기 쉬운 에너지의 개념인 자원으로서의 에너지부터 물리적 개념으로서의 에너지, 에너지의 이용, 저장, 관리 및 에너지양의 평가에 대해 차례대로 설명하겠다.

1.2 에너지 변환 및 에너지 자원

일반적으로 에너지라고 하면 석유, 석탄, 원자력 등과 같은 에너지 자원을 떠올린다. 이러한 에너지 자원은 직접적인 산업 측면의 생산용 에너지, 가정에서 이용하는 에너지, 수송용 에너지가 있으며 이것은 사용할 수 있는 것과 그렇지 않은 것으로 나눌 수 있다.

수력, 원자력 등은 통상적으로 후자에 속하며 일반적으로 발전을 통해 전기로 변환되어 이용된다. 하지만 예외적으로 수차를 이용해 동력을 얻는 경우도 있다.

석탄, 석유 등은 발전을 통하지 않고 직접적으로 에너지 자원으로 이용할 수 있다. 이 경우에도 채취한 자원과 동일한 상태로 이용되는 사례는 적다. 원유를 정제 과정을 거쳐 휘발유 등으로 바꾸는 경우처럼 일정한 변환 또는 성분의 조정을 거쳐 에너지로 사용된다.

1) 에너지 변환

에너지의 형태를 변환하는 경우에는 본래의 에너지를 1차 에너지, 변환된 에너지를 2차 에너지라 부른다. 이는 일반적인 개념으로 에너지 경제 분석적으로는 차이가 있어 석유, 천연 가스에서 유래한 자원을 1차 에너지라 부르고, 이로써 발생한 전기를 2차 에너지라 부른다. 이 구분이 중요한 이유는 발전 시 1차 에너지가 가진 에너지 총량이 2차 에너지로 전부 변환되는 것이 아니라 평균 약 40%만이 변환되기 때문이다(주; 이 비율은 기술이 발달하면서 점차적으로 높아지고 있다). 즉 일정 활동을 하면서 전기를 사용하였을 때 2배 이상의 에너지양이 1차 에너지 단계에서 사용된 셈이다. 일본에서는 전체 에너지 공급 총량을 언급하는 경우, 통상적으로 1차 에너지의 총량을 말한다.

에너지 변환의 효율을 높이는 방법 중 하나로 전기와 열을 동시에 발생시켜 이용하는 코제너레이션(cogeneration)이 있다. 코제너레이션은 유럽에서 도시 발전과 난방용 열을 위한 시스템으로 사용하고 있으며, 일본에서는 공장 등에서 에너지 효율을 제고하기 위한 시스템으로 활용되고 있다.

2) 에너지 자원

(1) 화석에너지

대표적인 화석연료 자원으로 석유, 석탄, 천연가스가 있다.

일본의 에너지 공급에서 석유가 차지하는 비중이 절반 이상인 화석자원은 일본의 중요한 에너지원이다. 화석에너지의 가장 큰 문제점은 대부분을 수입에 의존하고 있다는 것과, 수입 가격이 급등하고 있다는 점이다.

세계의 석유 생산은 언젠가 정점을 찍을 것이며, 그 후 감소할 것으로 전망되고 있다(Peak Oil). 일설에는 이미 정점이 도래했다는 의견도 있지만, 그렇지 않다 하더라도 일반적으로 21세기 전반에는 정점을 찍을 것이라는 견해가 지배적이다.

이에 비해 천연가스는 새로운 천연가스원이 개발되면서 생산이 증가될 것으로 전망되고 있으며, 일본의 천연가스 소비도 증가하는 경향을 보이고 있다.

화석연료 자원은 최근 들어 온실가스의 발생원으로 지목되고 있다. 일본의 경우, 화석연료 중에서 에너지양당 온실가스 발생량이 상대적으로 적은 천연가스의 사용량을 늘리기 위해 노력하고 있다. 한편, 피크오일 등에 대한 대책을 비롯해 석유 사용량을 줄이기 위한 노력도 기울이고 있다.

(2) 재생 가능 에너지

　지구에 내리 쬐는 태양광은 계속 사용해도 없어지지 않는다. 이처럼 자원 중에서 고갈될 우려가 없는 에너지원을 재생 가능 에너지라 부른다. 이런 재생 가능 에너지는 태양 에너지 자체를 가리키는 경우와 태양 에너지를 이용해 발전한 전기를 가리키는 경우가 있다. 에너지경영에서 재생 가능 에너지를 언급할 때는 이용 대상으로서의 에너지이므로 후자를 가리킨다고 이해해도 무방하다. 이에 반해 석유 등은 채굴하여 사용하면 그에 해당하는 양만큼 없어져 버리므로 재생 가능하다고 말할 수 없다.

　재생 가능 에너지원으로는 태양광, 태양열 외에 풍력, 파력(波力), 그리고 수력에 의한 에너지를 들 수 있다. 풍력, 파력, 수력은 태양 에너지가 지구에서 변환된 것이다. 지구의 자전 등에 의해 발생하는 조석력(潮汐力)을 이용한 발전도 재생 가능 에너지 중 하나다.

　또한 지구 내부의 에너지를 활용하는 지열에 의한 발전도 재생 가능 에너지에 속하며, 이들 재생 가능 에너지는 중요한 에너지원으로 활용되고 있다.

　바이오매스(Biomass) 에너지도 그 근원인 농작물, 삼림, 해

양식물이 태양광에 의해 생성되고, 재생산이 가능하므로 재생 가능 에너지에 포함된다. 단, 연료로 이용되는 바이오알코올, 바이오디젤 연료는 농작물을 원료로 하지만 제조 과정을 거쳐 생산된다는 점에 주의할 필요가 있다. 그 생산에는 에너지가 투입되며 이용 가능한 모든 에너지를 재생산하지는 못한다. 실질적으로 투입된 에너지 분을 뺀 부분만 재생산이 가능하나 편의상 전체를 바이오매스 에너지로 묶어 재생 가능 에너지로 간주하는 경우가 많다.

바이오매스에는 고체, 액체, 기체가 있다. 바이오알콜, 바이오디젤 연료 등은 액체이며, 목질칩은 고체, 바이오가스는 기체이다. 바이오가스는 축산업, 농업 등에서 발생한 기체로 주성분은 메탄이다.

히트 펌프를 매개로 활용하는 에너지도 재생 가능 에너지 개념의 확장으로 이해하여 이에 포함시키는 경우가 있다. 히트 펌프는 전기를 사용하여 열을 이동시키는데, 사용하는 전기 에너지양보다 이동하는 열 에너지양이 커지기 때문에 그 차이만큼 에너지 효용이 새로 발생한다고 볼 수 있다. 그 때 에너지원은 공기열 또는 지중열이 된다(전자가 공기열 히트 펌프, 후자가 지중열 히트 펌프인 경우).

(3) 신에너지

일본에서는 에너지 중 기존 에너지자원과 구별되는 에너지를 신에너지라 부른다. 신에너지는 석유를 대체할 대상으로 그 이용을 촉진하고 있다. 신에너지는 재생 가능 에너지와 겹치는 부분이 많지만 폐기물의 열 이용이나 연료전지 등 재생 가능 에너지가 아닌 것들도 포함하고 있다. 한편 수력발전은 재생 가능 에너지이지만 이전부터 이용되어왔기 때문에 신에너지의 범주에는 들어가지 않는다.

연료전지는 에너지 변환 장치이며 에너지 자원은 아니다. 수소를 이용한 연료전지의 경우, 수소가 에너지원이 된다. 하지만 수소 자체는 1차 에너지가 아니며 1차 에너지에서 생성되는 에너지이기 때문에 전기와 마찬가지로 2차 에너지로 취급되고 있다.

(4) 미이용 에너지(Unused Energy)

배출열, 온도차 등 기존에 이용되지 않았던 에너지원을 미이용 에너지라 부른다. 이러한 미이용 에너지의 활용은 1차 에너지 자원의 소비를 줄일 수 있기 때문에 장려되고 있다. 미이용 에너지는 열에너지와 관련하여 이용되는 경우가 많다.

　폐기물 등의 물질이 연소 등의 과정을 거쳐 에너지원으로 활용되는 경우는 신에너지라고 하며, 폐기물이 재생 가능한 발생원에 기인하는 경우에는 재생 가능 에너지라 부른다.

(5) 원자력

　원자력은 발전 과정에서 열원으로 이용된다. 원자핵반응(핵분열반응)에 의해 생성된 열에너지로, 냉각수를 증기로 바꾸어 이를 이용해 발전한다. 원자력은 양적으로 중요한 에너지원이지만 사고 리스크 저감을 위한 대책, 폐연료의 처리, 방사성 물질의 처리 등에 대한 과제가 남아있다.

(6) 수력

수력은 물이 높은 곳에서 낮은 곳으로 떨어질 때의 에너지를 이용한 발전용 수차를 돌려 발전한다. 댐을 설치할 수 있는 적당한 지역이 많지 않다는 점에서 자원으로서는 양적 한계를 내포하고 있으나, 다른 발생물이 없는 깨끗한 에너지원이다.

1.3 물리 개념으로서의 에너지

에너지 보존의 법칙이라는 개념은 잘 알려져 있다. 물리학적으로 에너지란 일정 상태를 나타내는 양 또는 이동을 나타내는 양을 가리킨다. 상태를 나타내는 양으로는 대상인 계(system)의 성질에 따라 다르지만 열의 경우에는 내부 에너지와 압력에 의한 일의 합인 엔탈피(enthalpy)를 많이 사용한다.

물리학적 관점에서 에너지의 성질은 물리적으로 일을 하

는 능력을 말한다. 앞으로 설명할 ISO 50001은 에너지에 대해 '에너지란 시스템이 외부로 활동하거나 일을 하는 능력이라고도 정의할 수 있다'고 규정하고 있는데, 이 설명은 물리학적 관점의 에너지를 의식한 것이다.

예를 들어 전기의 경우 물리적으로 일을 하는 능력은 외부 온도와 관련 없는 것에 비해, 열은 외부 온도에 따라 달라진다. 물리학에서는 이 부분을 고려하여 이용 가능한 일의 양인 유효 에너지라는 개념을 정의하고 있다. 하지만 에너지경영에서는 대상인 에너지가 물리학의 개념 자체가 아니기 때문에 열에 있어서의 양자의 차이를 반드시 염두에 두지 않는다.

물리적 에너지의 형태로는 전기에너지, 화학에너지(화학포텐셜), 빛에너지, 열에너지, 위치에너지, 운동에너지 등이 있다. 열에너지는 물질의 열역학적 상태를 외부의 열역학적 상태로 바꾸는 능력이다. 화학에너지(화학포텐셜)는 연소 등의 화학 반응에 의해 생성되는 에너지다. 위치에너지는 일반적으로 이용되는 수력이 대표적이다. 수력은 중력에 의해서 높은 곳의 물이 낮은 곳으로 낙하할 때의 차이에서 생기는 에너지이다.

1.4 에너지의 이용, 저장, 관리

1) 에너지의 이용

에너지의 이용 통계 및 분석은 대부분 부문별로 실시된다. 이러한 이유는 부문에 따라 이용 주체, 이용 방법, 시간대와 계절에 따른 이용 특성 등이 달라지기 때문이다. 일반적으로 가정 부문, 업무 부문, 수송 부문, 산업 부문 등으로 분류하는데, 가정 부문과 업무 부문을 합쳐 민생 부문이라 부르기도 한다.

가정 부문과 업무 부문은 에너지 소비가 증가하고 있기 때문에 그 대책이 시급한 부문이기도 하다. 또 수송 부문의 경우는 최근에 연비가 향상되면서 에너지 소비량이 감소하는 경향을 보이고 있지만 전체적으로 차지하는 비율은 여전히 높아 대책을 강구해야 한다. 산업 부문에서는 오일쇼크 이후 에너지 원단위를 낮춰 왔으나 증가된 업종으로 인해 소비량이 여전히 많아 에너지 소비 절감이 요구되고 있다. 개별적인 대책 항목은 생략하겠지만 산업 부문, 업무 부문 및 수송 부문에서 조직 차원의 에너지 관리, 에너지 경영을 통한 체계적 성에너지의 촉진이 요구되고 있다.

2) 에너지의 저장

석유, 석탄, 천연가스 등의 에너지는 저장이 가능하다. 일본에서는 석유와 관련한 에너지 공급의 안정성을 확보하기 위해 석유 비축을 국가 정책으로 실시하고 있다.

전기를 일시적으로 저장하는 방법으로 양수발전이 있다. 이는 전력 수요가 적은 야간에 전기를 이용하여 저수지의 하류에서 상류로 물을 끌어 올렸다가 전력 수요가 커지는 주간에 하류로 보내는 수력을 발전에 이용하는 시스템을 말한다.

송배전 계통은 계통 내에 전기를 저장하는 능력이 없어 에너지의 이용 상황에 맞춰 발전량을 제어하는 동시에 정상적인 송전을 유지하도록 하는 제어가 필요하다. 재생 가능 에너지 중 태양광발전, 풍력발전이 계통에 접속되어 있는 경우, 출력이 자연 조건의 영향을 받아 변동되기 쉽기 때문에 전체 계통에 대한 제어를 통해 대응해야 한다. 앞으로 양적으로 더 증가할 경우, 축전 설비 장치 등과 같은 대책도 필요하게 될 것이다.

3) 에너지의 관리

전기는 물리학적으로 물질은 아니지만 관리가 가능하며 관리 상태가 보호받아야 할 만큼 유용성을 가지고 있다. 이러한 이유로 전기는 법률에 의해 물질로서 보호받고 있다.

관리 대상으로서의 에너지도 마찬가지로 유용성과 관리 가능성이라는 두 가지 조건을 충족했을 때 비로소 관리 대상인 에너지가 성립된다. 유용성과 관리 가능성의 관계를 살펴보면 관리 가능성 쪽이 범위가 더 넓다고 말할 수 있다. 예를 들어 열을 가진 폐기물은 관리 가능하지만 꼭 유용하다고 단언하기는 어려운 것과 마찬가지다. 한편 관리가 불가능한 것 중에는 열에너지를 보유한 배기가스가 있다. 배기가스는 외부로 방출되기 때문에 관리 가능성을 상실하는 동시에, 그로 인해 유용성까지 상실했다고 봐도 무방하다.

에너지 관리와 관련해서는 '에너지는 과연 소비 가능한 것인가'라는 말이 맞는지에 대한 언어적인 문제도 있다. 물리학의 관점에서는 에너지 보존의 법칙이 존재하는 이상 에너지는 사라지지 않으므로 '에너지를 소비한다'는 말 자체는 성립될 수 없다. 하지만 실제로 에너지 소비라는 말은 일반적으로 사용되는 말이기도 하다.

이에 대해서는 에너지가 관리 가능한 상태에서 물리학적으로 변환되어 관리 불가능한 상태로 바뀐 경우에, 에너지는 존재하지만 소비되었다고 생각하면 이해하기 쉬울 것이다.

에너지 사용량과 소비량의 관계는 생각하기 나름이다. 천연가스를 사용하여 발전한 경우, 투입한 천연가스의 전체 양을 평가하는 방법과 그 전체 양에서 발전된 전기의 양을 빼고 평가하는 방법을 생각해 볼 수 있다. 소비량은 통상 후자를 가리키며 사용량은 시점에 따라 전자를 가리키는 경우와 후자를 가리키는 경우 둘 다 해당된다. 후자의 경우는 통일된 환산 기준이 필요하다는 점에 주의해야 한다.

1.5 에너지의 양적 평가와 환산

전기에너지의 단위는 보통 kWh(킬로와트시 또는 킬로와트아워) 또는 그 천 배인 MWh(메가와트 아워) 등을 이용한다. 한편 열에너지는 통상 MJ(메가줄) 또는 그 천 배인 GJ(기가줄)을 이용하며 그 밖에 kcal(킬로칼로리) 등을 이용하기도 한다. 1kWh 의 에너지양은 3.6MJ과 같다. 이와 같은 단위는 물리학에 서 정립된 것이다.

이 밖에 원유환산량이 있다. 이는 에너지양을 같은 양의 에너지를 가진 원유의 양으로 나타내는 방법으로, 단위는 통상 kL(킬로리터)를 이용한다. 참고로 L을 대문자로 쓰는 이유는 소문자면 숫자 1과 혼동할 수 있기 때문이다. 열에 너지양을 원유량으로 환산하기 위한 계수를 알아보면 일본 의 경우 1GJ을 0.0258kL로 환산하고 있다. 원유의 에너지 양은 성분 구성에 따라 달라지지만 표준적인 수치를 이 수 치로 정하고 있다. 이 계수는 에너지 분석, 성에너지법과 관련한 보고치 등에서 널리 이용되고 있다.

일본에서는 일반적으로 원유환산을 이용하며 그 밖에도 석유환산(이 때는 일반적으로 kL가 아닌 톤을 사용한다), 석탄환산(톤) 등도 이용되고 있다. 참고로 중국에서는 석탄환산을 가장 많이 이용하고 있다.

원유환산이 사용되는 경우, 그 값은 일반적으로 1차 에너 지의 환산치이다. 예를 들어 성에너지법에서는 전기에 대 해 1MWh가 9.76GJ인 계수를 이용하고(주; 전기의 종류에 따라 수치는 약간 다르다) 원유량으로 환산한다. 앞에서 말한 바와 같이 물리학적 에너지양은 1MWh가 3.6GJ로 수치 9.76은 1차 에너지로의 환산을 포함해 이용하고 있다.

1.6 에너지 효율

에너지경영에서 에너지 효율은 중요한 사항 중 하나이다. 발전 시 투입한 에너지양과 전기로 얻은 에너지양의 비율을 에너지 효율로 이해할 수 있다. 이 경우, 전기로 얻은 에너지양이 1차 에너지 환산량도, 2차 에너지양도 아니면 효율로서의 의미가 없다.

이외에도 자동차의 연비도 에너지 효율 중 하나로 볼 수 있는데, 투입 연료량에 대한 주행량의 비율로 나타낼 수 있다. 이 경우에는 분모와 분자가 같은 종류의 양이 아니며, 분모는 투입 에너지양, 분자는 얻은 효용의 양이 된다. 에너지 효율로는 이 공식의 형태와 역수의 형태가 가장 많이 사용된다. GDP당 에너지 소비량 등의 경제 지표도 이러한 형태의 에너지 효율 중 하나로 볼 수 있다(주; 이 경우에는 역수의 형태이다).

여기에서 에너지 효율에서 투입 에너지양이 분모인 경우에 한해 에너지 효율이라 하며 역수의 형태인 경우에는 에너지 강도라고 구별하여 부르기도 한다. 하지만 입문서인 이 책에서는 굳이 구별할 필요성이 없으므로 ISO 50001의 에너지 효율을 정의할 때에 특별히 구별하지 않겠다.

1.7 온실가스의 발생

온실가스로 인해 지구 온난화 현상이 발생하고, 다양한 기후 변동, 해수면 상승 등과 같은 문제들이 이어지면서 이에 대한 대책 마련을 위해 국제적 협의가 진행되어 왔다. 1997년, 기후변화협약 제3차 당사국총회(COP3)에서 '교토의정서(京都議定書 : 기후변화협약에 따른 온실가스 감축 목표에 관한 의정서)'가 채택되었으며, 2005년에 교토의정서가 발효되었다. 일본은 이 의정서에 따라 온실가스 감축에 대한 의무를 지니고 있다(1차 공약기간 2008년~2012년).

온실가스 배출 중 가장 큰 골칫거리인 이산화탄소(CO_2)의 경우 비에너지로 인한 배출도 있으나 대부분은 에너지 사용으로 인하여 연소로 발생하게 된다.

CO$_2$의 발생량은 연료 조성에 따라 달라지며, 배출 계산을 위한 표준적인 환산계수도 정해져 있다. 원유 1kL당 2.62톤, 휘발유 1kL당 2.32톤, 천연가스 1000m^{3}당 2.22톤의 CO$_2$가 발생한다. 이처럼 열량당 CO$_2$ 발생량은 천연가스가 가장 낮은 것을 알 수 있다.

성(省)에너지법

2

2.1 에너지경영시스템과 성(省)에너지법

에너지경영시스템은 성(省)에너지법과 밀접한 관계를 맺고 있다. 자원이 적은 일본에서는 에너지의 이용 제한이 경제를 발전시키고 유지하는 데 있어 실질적인 제약 중 하나로 작용한다. 이에 대한 정부와 사회적 대응이 불가피한 상황이다. 확실한 에너지 공급 확보도 필요하지만 에너지를 낭비하지 않고 합리적으로 사용하는 것이 무엇보다 필요하다.

이러한 사고에 입각해 1979년에 제정된 법률이 성에너지법이다. 정식 명칭은 '에너지 사용의 합리화에 관한 법률'로 에너지를 합리적으로 사용한다는 명칭 안에 성에너지에 대한 생각이 잘 드러나 있다.

이 법률에 정령(政令), 성령(省令), 고시 등과 함께 전체적인 성에너지에 관한 실시까지 포함되어 있는 만큼 이 책에서는 성에너지법이라는 말을 위의 내용 전체를 포함한 뜻으로 사용하도록 하겠다.

성에너지법은 성에너지를 목표로 하는 에너지 관리를 추진하기 위한 규정을 담고 있다. 성에너지법에서는 에너지 관리를 직접적으로 정의하고 있지는 않다.

하지만 에너지 관리 총괄자에 대한 언급으로 '에너지 관리 총괄자는 에너지 사용의 합리화에 관해 에너지를 소비하는 설비의 유지, 에너지 사용의 방법 개선 및 감시, 기타를 총괄 관리하는 자'로 규정하고 있다. 성에너지법의 에너지 관리 규정 내용은 에너지 사용 상황의 파악, 에너지 사용 방법의 개선을 위한 체제, 에너지 사용 합리화를 위한 개선 계획까지 아우르고 있는 만큼, 에너지경영이라는 용어가 가리키는 내용과 중복되는 부분이 있음을 알아두는 것이 좋겠다.

2.2 성에너지란

성에너지에 대응하는 영어를 찾아보면 제일 알기 쉬운 단어로 'energy saving'이 있다. 이 단어는 구체적인 설계나 활동 등에 주로 이용되지만 성에너지라는 단어에는 energy saving만으로는 설명되지 않는 내용도 많이 포함되어 있다. 특히 정책 부문에서는 결과 또는 객관적 평가라는 관점에서 energy efficiency(에너지 효율)과 energy conservation(에너지 보존) 또는 이 둘을 합쳐 energy efficiency and energy conservation을 이용하는 경우도 많다. 즉 성에너지라는 용어는 이들 내용을 종합적으로 가리킨다고 생각하면 된다.

에너지경영과 성에너지의 관계를 살펴보면, 에너지경영은 경영을 통해 성에너지를 실현하기 위한 방법론이라 보는 것이 적절하다. 실제 에너지경영시스템 표준인 ISO 50001의 기술 내용을 보면 이런 내용으로 채워져 있는 것을 볼 수 있다. 단, 에너지경영 또는 에너지 관리에는 구성 방식에 따라 에너지 공급 확보 등 성에너지의 실현 이외에 다른 내용도 포함될 가능성도 있음을 염두에 두어야 한다.

성에너지라는 용어와 재생 가능 에너지의 관계를 보면 케이스 바이 케이스로 적용할 수 있다. energy saving에 renewable energy의 사용을 포함시킬 수도 있고, energy efficiency의 경우에는 energy efficiency and renewable energy로 함께 사용하기도 한다. 이는 energy efficiency를 사용하면 '이용 효율'로 번역되므로 에너지 공급과의 관련성이 깊은 renewable energy와는 다른 영역의 개념으로 간주되기 때문이다.

2.3 성에너지의 역사와 효과

일본에서 성에너지법이 제정되던 1979년에는 오일쇼크가 발생한 때였다. 이런 시기였기 때문에 에너지 사용을 줄여 석유 공급 부족의 가능성과 석유 가격 상승으로 인한 경제적 악영향에 대처해야 한다는 필요성이 대두되었고, 이 법이 제정된 것이다. 제정 초기의 대상은 주로 공장이었으며 건축물, 기계기구를 대상으로 한 가이드라인도 포함하고 있었다. 일본에서는 유한한 자원 때문에 이미 오일쇼크 이전부터 정책 상 에너지 대책이 필요한 상황이었으며 성에너지법의 제정 이전부터 성에너지 활동은 실시되어 왔다.

일본의 성에너지는 오일쇼크 발생 이전이나 이후에도 성에너지 산업 분야를 중심으로 이루어져 왔다. 특히 오일쇼크 이후, 산업 분야에서 에너지 공급과 소비의 균형을 실현하고 에너지 비용 상승을 피하기 위한 성에너지화가 큰 폭으로 진전되었고 세계 최고 수준에 이르게 된다. 현장의 에너지 사용 절약 활동, 저비용의 성에너지 대책, 성에너지 설비 기술 및 에너지 제조 기술의 개발과 실용화로 기술 면에서 성에너지를 실행하고 있다. 또한 법, 정책 면에서는 성에너지법을 통해 공장의 개선책을 실시하는 것을 강력하게 지원하는 동시에 세제 등의 정책적인 자구책도 도모하였다.

그리고 산업 이외의 분야에서도 에너지 소비가 늘어나면서 정책적으로 성에너지 대책을 도모하는 동시에 성에너지법의 내용 및 대상 분야를 확대하고 있는 추세이다.

2.4 성에너지법의 개요

성에너지법은 제1조(목적)에서 「대내외의 에너지를 둘러싼 경제적, 사회적 환경에 부응한 연료 자원의 유효 이용 확보에 기여하기 위해, '공장 등', '수송', '건축물' 및 '기계기구'에 대한 에너지 사용의 합리화에 관한 조치와 기타 에너지 사용의 합리화를 종합적으로 추진하기 위해 필요한 조치를 강구하고 국민 경제의 건전한 발전에 기여하는 것을 목적으로 한다」고 규정함으로써 성에너지법의 지향점과 대상 분야, 내용을 단적으로 제시하고 있다.

여기서는 '공장 등', '수송', '건축물', '기계기구'의 4개 분야로 나눈다.

(1) 공장 등

'공장 등'의 의미는 공장과 사무소, 기타 사업자 등을 말한다. 사업장은 업무 분야나 빌딩 분야라고도 불리는 영역의 시설을 가리키며 사무소뿐만 아니라 학교, 병원, 여관, 호텔, 위락 시설 등을 총칭한 것이다. 성에너지법에서는 이 분야에 대해 사업자에 관한 규정을 중심으로 사업자가 선임해야 하는 자, 선임을 위한 자격이나 조건, 에너지 관리사 자격, 사업자의 실시 의무 사항, 사업자의 보고 의무 사항 등에 대해 '제3장(공장 등에 관한 조치 등)'에 규정하고 있다.

(2) 수송

성에너지법은 '제4장(수송에 관한 조치)'에서 화물 수송 및 여객 수송에 대해 규정하고 있다. 여객 수송 분야에서는 여객 수송 사업자를 대상으로 규정하고 있으며 화물 수송의 경우에는 화물 수송 사업자와 화주를 대상으로 한 규정도 명시되어 있다. 여기에서 화주는 「자신의 사업과 관련하여 자신의 화물을 계속해서 화물 수송 사업자에게 수송시킨 자」로 정의하고 있다. 수송이라는 관점에서 단순히 트럭의 연비 등을 개선하려는 노력에 그치지 않고 종합적인 수송 분야의 에너지 효율을 제고하려는 것이 중요하다. 이와 함께 트럭 수송에서 화차 수송으로의 전환 등을 포함해 수송 의뢰자의 역할도 중요하다는 점을 강조하고 있다.

(3) 건축물

건축물을 이용하여 영위하는 사업은 '공장 등'의 분야로 이미 규정되고 있다. '제5장(건축물에 관한 조치 등)'에서 건축물 자체의 에너지 효율성 등에 대해 성에너지법의 관점에서 규정하고 있다.

그 대상은 건축물을 건축하고자 하는 자, 건축물의 소유자 또는 관리자, 건축물의 외기(外氣)와 이어진 옥상, 벽 또는 바닥의 수선 또는 리모델링을 하고자 하는 자, 건축물에 대한 공기조화설비 등의 설치 또는 건축물에 설치된 공기조화설비 등의 보수를 원하는 자 등이다. 또한 에너지 사용의 합리화를 위한 판단 기준을 제시함은 물론, 그 밖의 신고, 기타 사항을 규정하고 있다.

(4) 기계기구

기계기구의 에너지 소비 효율을 개선하는 것이 중요하다는 관점에서 성에너지법에는 '제6장(기계기구에 관한 조치)'에 개선을 위한 규정을 두고 있다. 특히 중요하다고 보는 분야의 기기를 특정 기기로 선정한 다음, 특정 기기에 대해 이른바 톱 러너(Top Runner)라 명명한 기준을 정하여 그에 대한 달성을 도모하고 있다. 2011년 8월 현재, 승용차, 에어컨 등 23종이 특정 기기로 선정되어 있다.

톱 러너의 기준은 법률에 해당하는 특정 기기 중 성에너지법에서 규정한 「가장 뛰어난 성능, 특정 기기에 관한 기술 개발의 장래 전망 등의 사정을 감안하여 정한다」고 명시되어 있다. 이렇게 성능이 뛰어난 기기를 지표로 삼아 전체적인 성능 향상을 도모하고 있다.

2.5 총칙 등

성에너지법의 구조와 성격을 이해하기 위해 총칙(제1장), 기본 방침 등(제2장), 잡칙(제3장), 벌칙(제7장) 등을 간단하게 설명하겠다.

(1) 총칙

성에너지법의 '제1조'는 목적 등을 규정하고 있다. '제2조'에서는 성에너지법이 다루는 에너지를 「연료, 열 및 전기」라고 규정하고 있다. 여기서 열을 연료와 구별하여 언급하고 있는 이유는 직접적으로 연료를 사용하지 않았더라도 타 사업자가 연료를 이용해 발생시킨 증기, 온수, 냉수를 사용하는 경우에도 에너지 사용으로 간주해야 하기 때문이다.

그리고 전기의 경우, 연료를 사용하여 전기 계통에서 공급되는 전기를 대상으로 하고 있어 일반적으로 사용되는 전기는 전부 여기에 해당된다. 반대로 일반 계통과는 별도로 가령 태양광으로 발전한 전기를 사용한 경우에는 연료의 사용과는 거리가 있어 대상에서 제외된다. 이는 태양광 발전의 사용을 무시해서가 아니다. 오히려 에너지의 사용으로 산입하지 않아도 무방하다고 정함으로써 태양광 발전이 에너지 사용의 감축으로 평가될 수 있도록 여지를 둔 것이다.

'제2조 2항'에서는 연료를 「원유 및 석유제품, 석탄 및 석탄제품」으로 정하고 있다. 이러한 규정은 연료 자원의 효과적인 이용이라는 목적에 따른 것이다.

성에너지법과 규정 방법이 다르지만, ISO 50001의 에너지 정의에서 재생 가능 에너지를 포함하고 있는 만큼 재생 가능 에너지의 활용을 성에너지로 간주하고 있다는 점에서 동일하다.

(2) 기본 방침 등

일본 경제산업장관은 '공장 등', '수송', '건축물', '기계기구'의 네 분야에 대해 「에너지 사용의 합리화에 관한 기본 방침을 정하여 이를 공표」하며, 에너지 사용자는 「기본 방침에 유의하여 에너지 사용의 합리화에 힘쓴다」고 규정하였다. 여기서는 뒤에서 설명하게 될 특정 사업자에 국한하지 않고 성에너지를 요청하는 형태를 띠고 있다.

또 기본 방침은 「장기적인 에너지 수급의 전망, 에너지 사용의 합리화에 관한 기술 수준, 기타 사업을 감안하여 정한다」고 명시하고 있다.

(3) 잡칙 및 벌칙

여기에서는 에너지 사용의 합리화를 촉진하기 위한 조치로 정부의 대응 등을 규정하고 있다. 에너지 공급 사업자, 건축물 판매·임대사업자, 에너지를 사용하는 기계기구의 소매업자 등에게 소비자에 대한 정보 제공을 요청하고 있다.

한편 일정 내용에 관해 「필요한 한도 내에서 정부가 사업자에게 보고를 요구하거나 현장 입회 검사를 실시할 수 있다」고 규정하고 있다. 또 의무 위반 등에 관한 벌칙 규정을 두고 있다.

2.6 '공장 등'에 관한 성에너지법 규정의 개요

'공장 등'과 관련한 분야는 성에너지법의 제정 당시부터 대상이었던 분야로 성에너지법의 중요한 부분으로 구성되어 있다.

ISO 50001의 에너지경영시스템에서는 에너지를 사용하는 조직을 대상으로 하고 있다. 대상인 조직의 중심은 사업자나 그 조직의 일부가 되므로 수송, 건축물, 기계기구 등의 분야도 관계가 있지만 가장 관련성이 많은 것은 '공장 등'의 분야이다. 업종에 따라서는 수송 분야도 관련성이 있다.

다음에서는 좀더 구체적인 내용에 접근하여 에너지경영과 관련성이 깊은 '공장 등'에 관한 성에너지법의 규정을 개략적으로 설명하겠다.

(1) 특정 사업자

성에너지법은 일정량 이상의 에너지를 사용하는 사업자를 특정 사업자로 규정하고 있다. 특정 사업자에 대해서는 에너지 관리 책임자의 선임, 정부 보고, 기타 의무를 부과하고 있다. 여기에서 일정량이란 연간 원유로 환산하면 1500kL인데

대형 빌딩의 경우에는 한 건물에서 일정량을 채우는 곳이 많다. 복수 사업장을 거느리고 있는 경우에는 사용량을 합산하도록 명시하고 있다.

이 밖에 사업장 한 곳에서 3000kL나 1500kL 이상인 경우에는 각각 제1종 또는 제2종 지정 공장 등으로 분류되어 에너지 관리자를 선임할 의무가 생긴다.

한편 특정 사업자로서의 에너지 사용량이 없을 때, 체인점과 같은 사업을 영위하고 일정 조건을 충족하는 경우에는 체인점 등을 포함한 전체 사용량으로 특정 연쇄화 사업자인지의 여부를 판단한다. 특정 연쇄화 사업자에게는 특정 사업자와 동일한 의무가 부여된다.

(2) 에너지 관리 총괄자, 에너지 관리자 등의 선임

성에너지법은 특정 사업자에게 에너지 관리 총괄자 및 에너지 관리 기획 추진자의 선임을 의무화하고 있다. 에너지 관리 총괄자는 에너지 관리에 대한 전반적인 책임자로 경영자(사업 실시를 총괄, 관리하는 자)가 선임해야 한다. 에너지 관리 기획 추진자는 에너지 관리 총괄자를 보좌하는 역할을 수행한다.

또한 제1종, 제2종 지정 공장은 에너지 관리자 또는 에너지 관리원을 선임해야 한다. 에너지 관리자, 에너지 관리원 모두를 선임해야 하는 의무에 대한 여부는 제1종 또는 제2종, 업종, 사무소 등의 구별에 따라 결정된다. 에너지 관리자와 에너지 관리원의 업무 성격에는 별 차이가 없으나 일반적으로 에너지 관리자가 관리하는 에너지양이 많으며 에너지 관리자는 자격 시험에 합격한 에너지 관리사 중에서 선임하도록 정하고 있다.

(3) 중장기 계획서와 정기 보고서

특정 사업자는 매년 중장기 계획서를 작성하여 정부에 제출할 의무를 가진다. 중장기 계획은 '공장 등 판단 기준(44p '(4)공장 등 판단 기준' 참조)'에 기재된 목표를 달성하기 위한 계획이다.

또 특정 사업자는 에너지 사용량 및 에너지 사용 상황, 에너지를 소비하는 설비와 에너지 사용의 합리화에 기여하는 설비의 설치 및 개수·폐기 상황과 관련한 규정 사항을 매년 정부에 보고해야 한다.

정기 보고서에는 과거 5년간에 걸친 에너지 원단위와 전년 대비 수치를 기재하고 그것을 집적한 5년간의 평균 변화를 평가하도록 정하고 있다. 대비 기준의 개념을 ISO 50001에서는 베이스라인으로 규정하고 있으므로 에너지 원단위에 대한 전년도 수치가 베이스라인이 된다.

(4) '공장 등' 판단 기준

에너지 사용의 합리화에 관한 법률 제5조에 따라 '공장 등'의 판단 기준을 정한 조항으로, 연소 등의 분야별 판단 기준 외에 에너지 사용의 합리화 목표 및 이를 달성하기 위해 계획적으로 해야 하는 조치, 벤치마킹 지표 등을 포함하는 광범위한 내용을 담고 있다.

(5) 합리화 계획에 관한 지시 및 명령

필요한 경우 정부는 특정 사업자에게 에너지 사용의 합리화에 관한 계획 작성, 제출 지시 및 기타 이와 관련한 조치를 요구할 수 있다.

2.7 '공장 등'을 대상으로 한 성에너지법 규정의 효과

앞의 항에서 설명한 '공장 등'을 대상으로 한 성에너지법의 규정에는 성에너지에 종사하는 인재의 배치와 육성, 계획 작성과 현황 파악, 기술적 대응 등을 포함하여 성에너지 촉진 효과를 갖추고 있다.

이들 규정은 당초 전부 존재했던 게 아니며, 순차적인 법 개정에 의해 확대되어 왔다. 2008년에 개정되어 2009년부터 2010년에 걸쳐 운영되었다. 이번 개정으로 '공장 등'의 사업자를 대상으로 한 규정이 확충되었고, 에너지 관리 총괄자 등의 규정도 마련되었다. 이전 규정이 '공장 등'과 같은 장소에서의 성에너지의 추진을 중심으로 인재 육성과 배치, 기술적 대응의 촉진이 주를 이루었다면, 이번 개정에서는 사업자의 전체적인 대응을 중시하고 있다. 성에너지법 자체가 성에너지의 추진, 에너지의 소비 동향, 경제적 배경 등이 고려되어 발전하고 있다고 말할 수 있다.

2.8 성에너지법과 ISO 50001의 관계

여기서는 일단 성에너지법과 ISO 50001의 관계를 알아보도록 하겠다.

(1) 내용적 관계

성에너지법, ISO 50001 모두 규정의 주요 목적이 에너지절약의 촉진인 만큼 내용 면에서 밀접한 관계를 가지고 있다. 그런데 성에너지법의 경우 법률의 성격상 ISO 50001에 비해 사업자의 구체적인 활동 프로세스에 대한 기술이 적고, 정부 보고 등과 같은 외부 활동에 속하는 항목을 중점적으로 적시한다는 차이점이 있다. 그리고 ISO 50001은 현재 표준의 범위에서는 기술적 수치를 규정하고 있지 않은데 비해 성에너지법은 '공장 등' 판단 기준에 기술적 지침의 성격을 띠는 수치를 기술하고 있다.

한편 ISO 50001은 조직의 구체적인 성에너지 실시 프로세스나 실시 방법에 대해 체계적으로 명시하고 있다. ISO 50001의 가장 큰 특징은 계획 프로세스의 내실 있는 규정과 체계성이다. 또한 ISO 50001은 경영의 관점에서 PDCA[Plan(계획)→ Do(실행)→ Check(점검) → Act(조치)]를 완결시키는 프로세스를 포함하고 있다.

이러한 관계를 볼 때 내용 면에서 상호 보완적인 면이 있음을 확인할 수 있다.

(2) 시간적 관계

시간적으로 보면 두말할 것도 없이 성에너지법이 ISO 50001보다 일찍 제정되었다. 에너지경영은 약 10년 전에 표준으로 구상된 데 반해 일본의 성에너지법은 30년의 역사를 자랑하고 있다.

참고로 세계의 국가 중에는 성에너지법을 규정하고 있는 국가와 그렇지 않은 국가가 있다. 성에너지법에 대한 관심이 높아지면서 최근 5년 동안 성에너지법을 제정하려는 움직임이 활발해지고 있다. 이처럼 법률로서의 성에너지법 또는 성에너지 정책과 도구로서의 에너지경영시스템 표준은 서로 역할을 분담하는 것으로 인식되고 있다.

또 일본의 성에너지법이 선도적인 성과를 올린 덕분에 ISO 50001의 책정 과정에서 일본의 의견이 다양한 형태로 반영되었다는 것을 덧붙이고 싶다.

(3) 법률과 표준의 관계

품질, 환경 등에 관한 경영시스템 표준에는 관련 법규의 준수라는 규정을 두고 있는데 ISO 50001도 마찬가지로 이 규정을 포함하고 있다. ISO 50001은 성에너지법의 의무 실행을 포함하고 있으며 이에 더해 에너지경영의 실시라는 내용을 담고 있다. 특정 사업자에 있어 성에너지법의 '공장 등'에 관한 규정은 관련 법규에 따른 의무이다. 이 경우, ISO 50001은 성에너지법의 구체적인 의무의 실행을 포함하는 동시에 에너지경영을 실시하는 사고방식도 담고 있으므로, 법률 규정의 실행을 강화하는 성격을 띠고 있다.

(4) ISO 50001의 독자성

법률과 비교할 때 ISO 50001만의 특징은 유연성 있는 임의 표준이라는 점이다. 유연성이 있기 때문에 구체적인 방법은 표준에 따라 조직의 규모, 사업 내용 등의 실정에 맞게 설계하여 조직 전체가 공유할 수 있다. 성에너지법의 대상인 사업자의 경우에는 그 규정을 고려해야 하며, ISO 50001의 규정도 고려해야 한다. 따라서 방법을 직접 결정해야 하는 부분이 많아 조직과 목적에 맞게 에너지경영시스템을 구축하는 것이 바람직하다.

(5) 실행 관점에서 본 성에너지법과 ISO 50001의 관계

우선 성에너지법과 ISO 50001의 규정은 상호 모순되지 않는다는 점을 지적해 두고 싶다. 여기에서 모순되지 않는다는 것은 실시 주체가 하나의 체계로서 스스로 방법을 결정하여 실시할 수 있다는 뜻이다. 이는 효율적, 효과적인 실시의 관점에서 대단히 중요한 내용이다.

동일한 사항에 대해 성에너지법을 위한 업무와 ISO 50001에 맞추기 위한 업무로 나누면 비효율적이며, 개선 효과를 올리는 데도 장애물로 작용한다. 예를 들어 성에너지법을 위한 작업 기준과 ISO 50001을 위한 작업 기준이 제각각이면 안 된다는 것이다.

성에너지법의 규정과 ISO 50001 규정의 정합성을 지지하는 개념상의 요소는 ISO 50001이 유연성을 가진다는 점, 그리고 양자 모두 성에너지를 지향하며 성에너지를 위한 합리적 사고를 놓치지 않고 있다는 점이다. 후자의 경우 ISO 50001의 표준 개발 프로세스에서 성에너지법을 반영한 논의의 결과라고 할 수 있다.

2.9 기타 법률

성에너지법 이외의 법률은 ISO 50001과의 관련성이 상당히 낮다. 우선 온난화 대책 추진법(정식 명칭은 '지구 온난화 대책 추진에 관한 법률 및 관련 법령')을 들 수 있다. 이 법은 온실가스 배출량 중 CO_2에 대한 산정 방법이 에너지 사용량과 연관되어 있기는 하지만 성에너지법 및 온난화 대책 추진법에 따라 성에너지법의 에너지 사용과 관련하여 산정하도록 정하고 있다. 이 관점에서 보자면 성에너지의 요구사항 중 에너지 사용 자체에 대한 법적 내용은 완결되었다고 할 수 있으므로 온난화 대책 추진법과 에너지경영시스템의 직접적인 관계는 없다.

또한 도쿄의 지구 온난화 대책에 관한 조례(환경 확보 조례)는 반드시 달성해야 하는 온실가스 배출 감축률을 규정하고 있다(주; 감축률은 사업장의 현 대책 수준에 따라 달라진다). 이 감축률은 에너지 사용의 감축률은 아니지만 조직에 따라서는 계획 단계에서 고려해야 하는 경우도 있다. 그리고 이 조례는 온실가스 배출권 거래를 상정하고 있다는 점에서 ISO 50001의 에너지경영시스템의 내용과 다르다는 점에 주의해야 한다.

경영시스템

3

* 원서에서 매니지먼트시스템은 경영자, 관리자 및 경영관리 등의 폭넓은 의미를 나타내고 있으나 이 책에서는 이를 포함하여 '경영시스템'으로 번역함을 알립니다.

3.1 경영시스템이란

이 책에서 다루고 있는 경영시스템(에너지경영시스템) 표준인 ISO 50001을 설명하기에 앞서 '경영시스템'에 대해 알아보자.

경영시스템은 말 그대로 '경영(매니지먼트)을 위한 시스템'이다. 사전 다이지린[大辭林, 2판 1999년, 삼성당]에서는 '매니지먼트'에 대해 「경영·관리」 또는 「경영자, 관리자」라고 정의하고 있다. 그리고 '경영'에 대한 정의로 「방침을 정하고, 조직을 정비하여, 목적을 달성하기 위해 지속적으로 활동

을 행하는 것. 특히 회사 사업을 영위하는 일」, '관리'는
「관할·운영하고 또 처리나 보수하는 일. 맡아 처리하거나
나은 상태를 유지하는 일」이라고 기술하고 있다.

이처럼 경영(매니지먼트)은 '방침이나 목적을 결정하는 의사
결정 및 자원 배분'의 행위와 '그것을 달성하기 위한 운영·
실시'라는 두 가지 뜻을 포함하므로 후자 쪽에 중점을 두
는 '관리'보다 넓은 개념이라고 말할 수 있다. 이 내용을 알
기 쉽게 표식화한 것이 〈그림 1-1〉의 경영 개념도이다.

또 경영시스템의 또 다른 요소인 '시스템'에 대해 사전에서
는 「개별 요소가 유기적으로 조합되고 통일된 전체, 체계,
계(系)」라고 정의하고 있다. '요소'나 '전체, 체계' 자체도 추상
적인 개념이긴 하지만 시스템도 마찬가지다. 시스템이 실질
적인 요소(예를 들어 장치류나 조직) 등이 연계된 하드웨어의 집
합체라는 측면과 방법이나 틀, 제도와 같은 소프트웨어의

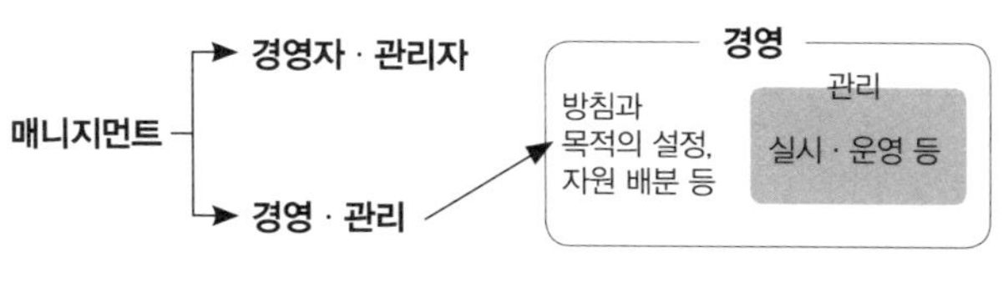

〈그림 1-1〉 경영 개념도

집합체라는 측면 모두를 갖추고 있다는 점에는 이론의 여지가 없을 듯하다. 따라서 이 책에서 사용하는 '경영시스템'에 대해서는 「조직, 사업에서 방침이나 목표를 설정하여, 이를 실현하기 위해 구성된 개별 요소가 유기적으로 조합되고 통일된 체계」라고 우선 이해하는 것이 좋겠다.

참고로 ISO 9000 품질경영시스템의 용어 정의에서는 '경영시스템'을 「방침 및 목표를 정하고 그 목표를 달성하기 위해 상호 관련되어 작용하는 요소의 집합체」라고 정의하고 있어 앞에서 설명하고 있는 정의와도 모순되지 않는다.

다음으로 경영시스템의 대상으로 눈을 돌리면 이 책의 EnMS와 마찬가지로 일반적으로 기업을 비롯한 사업 조직이 주를 이룬다.

조직은 사업 목적, 사회에서 수행해야 하는 목적, 그것을 달성하기 위한 기능(상품 개발, 제조, 판매 등)·체제, 조직의 존속이라는 목적을 위해 필요한 기능(인재, 재무·회계 등) 등 복수의 목적·기능을 가지는 복합체로서, 기능별로 분업을 행하면서 상호 연계한다. 이를 인체에 비유하면 방침이나 목적을 결정하는 경영층은 두뇌에 해당하며, 뇌의 지령을 받아 손발 등의 각 신체 부위는 움직이고 활동한다. 또한 호흡이나

심장 박동처럼 일일이 지령을 내리지 않아도 각 신체 부위
가 자율적으로 기능하는 무의식적인 활동도 있다. 이런 의
식적, 무의식적인 활동을 원활하게 실행하기 위해서는 머
리와 몸의 각 부위가 유기적으로 연계되어야 한다. 이를 위
해 신체는 뇌에 정보를 전달하고 뇌의 지령을 신체의 각 부
위에 전달하는 신경계와 뇌를 포함한 각 신체 부위에 혈액
을 통해 에너지를 공급하는 순환계를 갖추고 있다.

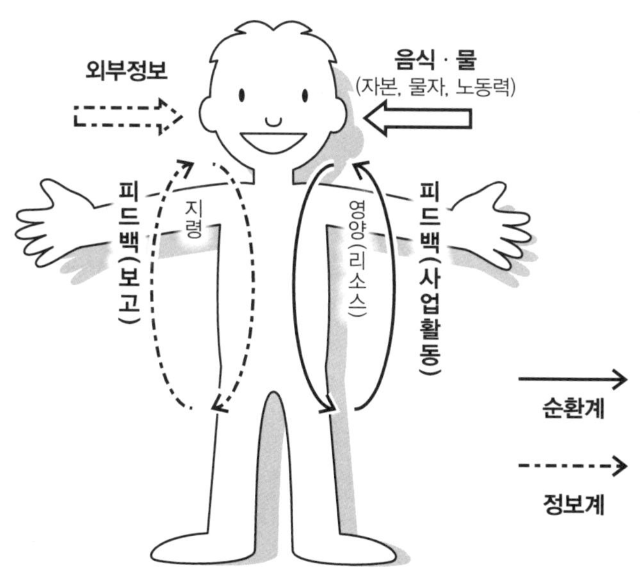

이를 사업 조직에 대응해 보면 조직은 경영층과 각 부서 수장의 지시를 조직 현장까지 전달하고 현장의 정보를 경청하여 톱에게 전달하는 신체의 신경계와 같은 정보 교환의 틀과 현장에서 활동하기 위한 경영 자원(자본, 물자, 노동력)을 적절하게 배분하고 이용을 관리하는 순환계와 같은 틀을 갖추고 있다. 이 틀이 조직 전체에 효과적으로 기능하는 동시에 각 부문 간의 연계를 원활하게 추진하여 사업 목적을 실현하기 위한 수단이 바로 경영시스템이다.

3.2 경영시스템이 이해하기 어려운 이유

'경영시스템'은 기업 등의 조직 활동에서 꼭 필요하다. 조직에는(명칭은 서로 다르겠지만) 이미 경영시스템이 존재한다. 그럼에도 불구하고 실제로 기업의 조직 내에서 경영시스템을 다룰 때, 특히 경영시스템 표준에 따라 시스템을 구축·운영하거나 관계자에게 설명하려 할 때면 구체적으로 무엇을 어떻게 해야 할지 의사소통을 하거나 공통 인식을 조성하는 데 어려움을 겪는 경우가 많다. '경영시스템'을 이해하기(이해시키기) 어려운 이유를 미리 고찰하는 일은 실효성 높은 경영시스템을 원활하게 작동시키기 위해서 대단히 중요하다.

우선 '경영시스템'을 '경영·관리 시스템'이라고 설명하면 일반적으로 '경영 정보 관리 시스템'이나 '시설의 통합 관리 시스템'과 같은 IT계열의 솔루션 시스템을 떠올리는 경우가 많다. 이런 이유로 전반적인 경영·관리 활동의 틀을 가리키는 '경영시스템'의 개념이 축소되어 인식되곤 한다.

그리고 '경영(매니지먼트)'이나 '시스템'은 익숙한 단어지만 개념의 폭이 넓기 때문에 받아들이는 사람에 따라 단어의 정의나 개념이 달라지기도 한다. '경영(매니지먼트)'은 의사결정을 포함하는 '행위'와 행위의 '대상'에 대한 방침 및 목표 설정을 포함하는 '경영'으로 풀이되는 경우와 실시·운영 주체의 '관리'로 풀이되는 경우로 나누어 볼 수 있다. 이들은 서로 상정(想定)하는 행위의 내용뿐만 아니라 대상도 다르다(통상적으로 경영은 회사나 대규모 사업을, 관리는 그 구성 요소인 개별 업무나 경영 자원을 대상으로 하는 경우가 많다). 이 책에서 다루는 '경영시스템'은 행위로는 경영에 가까우나 대상은 기업이나 사업 전체와 같은 대규모 집단뿐만 아니라 특정 부서도 다루고 있기 때문에 혼란을 일으키기 쉽다.

‘시스템’의 경우에는 하드웨어와 소프트웨어 모두를 대상으로 한다. 받아들이는 사람에 따라 어느 한 쪽으로 쏠리기 쉬워 조직이 추진하는 경영시스템의 인식 공유·통일을 저해하는 원인이 될 우려가 있다.

또 경영의 대상인 조직이나 사업 자체가 ‘시스템’이고, ‘복수의 요소로 구성된 체계’라는 점도 경영시스템의 대상이 어느 범위까지 확장되는지 혼란을 일으키기 쉬운 부분이다. 예를 들어 한 기업이 성에너지를 위해 경영시스템을 도입하고자 할 때 동일한 ‘경영시스템’이라는 용어에 대해서도 부서에 따라 각기 목적, 대상, 방법이 다른 시스템을 떠올릴 가능성이 높아 혼란으로 이어질 수 있다.

① 회사의 에너지 관리 방침을 정하고 그에 따라 연별·월별 각 부서의 성에너지 목표와 설비의 갱신 계획 및 운영·보수 계획을 세워 실시하고, 매달 성에너지 정도를 관리하면서 해당 년도 말에 전사적으로 결과를 평가하고 방침을 수정하는 틀

② 공장은 이미 독자적인 관리 시스템으로 움직이고 있으

므로 사무실에서 성에너지를 실시하고 파악하는 부분
부터 시작하는 관리 활동

③ 현 에너지 사용량의 목표에 대한 진척 관리를 보다 정
확하고 엄밀하게 실시하기 위한 모니터링 시스템을 구
축하는 행위

이 책에서의 경영시스템은 처음 설명한 ①의 틀을 가리키
며, ②와 ③의 설명은 경영시스템의 일부에 대한 실시·도입
사항으로 이해하는 것이 좋다.

또한 이 책에서 다루는 경영시스템에서는 경영시스템 자
체도 개선 대상으로 삼고 있기 때문에 경영의 수단과 대상
이 같은 경우도 있어 이해하기 어렵다.

따라서 현재 추진하고자 하는 경영시스템의 목적, 행위
및 대상 면에서의 활동 범위 등을 명확하게 설정하고, 조직
안팎의 관계자들 간에 적절한 설정 및 의사소통의 확립과
공유가 경영시스템 구축의 첫걸음이라 할 수 있다.

3.3 경영시스템의 구성 요소와 기본 사고

경영시스템은 목적이나 활동 범위 등을 명확히 내세우는 것이 중요하며, 조직의 사업 방침·목적과 활동 범위, 사업 수단 등에 맞게 조직에 도입해야 한다. 조직의 사업 활동에 따른 경영시스템의 일반적인 구성은 다음과 같다.

① 조직의 존재 의의·사명(미션)의 설정

② 전사 및 각 계층의 사업 방침과 목표·목적(비전)의 설정

③ 활동 계획의 책정과 필요한 경영 자원의 확보

④ 계획 실시와 진척, 운영 관리

⑤ 목표 달성 수준 파악과 필요에 맞는 대응

⑥ 각 계층의 사업 활동 및 성과의 평가와 이들 전체의 집대
성으로서의 전사 평가

⑦ 개선 방침의 책정·실시

위의 흐름 및 체제에 따라 '조직의 방침·목표의 설정과 그 달성을 수행하는 경영시스템'이 구성된다. 이 중 방침이나 목적, 자신의 활동 범위를 공유하기 위한 의사소통과 문서

화 활동이 사업 활동과 동등하게 중요한 요소이다. 또한 이른바 계속 기업(going concern)이라는 측면에서 '지속적인 개선·향상'은 필수적이며, 조직 활동에 체제로서 포함되는 것도 경영시스템의 필수 요소라고 말할 수 있다.

이와 같은 구성 사례로 일본에서 널리 이용되는 매니지먼트 플로우가 PDCA 사이클이다. 이는 전체 및 각 계층별로 회전하여 지속적인 개선·향상을 도모하는 경영법이다. ISO와 기타 경영시스템 표준에서도 널리 채택되고 있다[PDCA 사이클과 ISO 50001의 관계에 대해서는 〈그림 2-6(81p)〉를 참고하길 바란다].

3.4 여러 가지 경영시스템

경영시스템 및 경영시스템 표준의 예를 몇 가지 들어보자.

•품질경영시스템(QMS): 조직이 외부에 제공하는 제품이나 서비스의 품질을 유지·개선하고, 이를 통해 고객만족도를 확보하기 위해 이용하는 것이 QMS다. 대표적인 국제 표준은 ISO 9001(ISO에 대해서는 2장에서 설명한다)이며, ISO 9001은

인증을 취득한 기업이 많다. 이는 기업에서 품질 관리는 기본 활동 중 하나이며, 제3자 인증제도로 권위 있는 표준으로 평가되고 있기 때문에 기업의 차별화·경쟁력 제고로 이어질 수 있다.

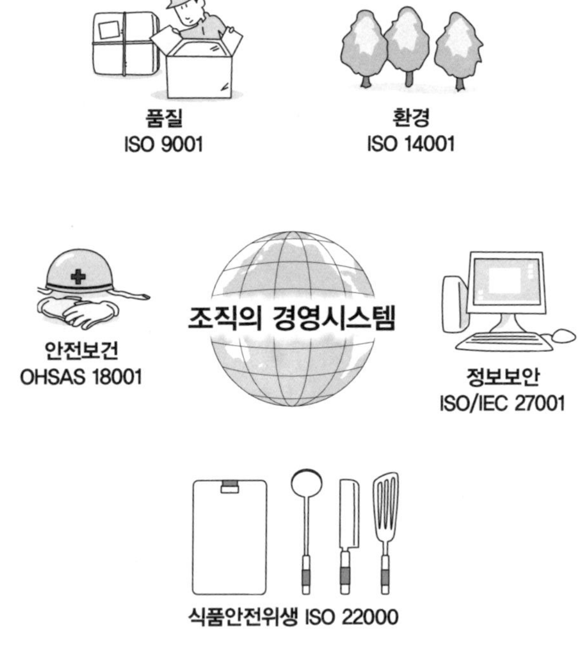

• **환경경영시스템**(EMS): 조직의 활동이 환경에 미치는 영향을 관리하기 위해 조직의 활동, 제품이나 서비스 등을 경영하는 수단으로, 대표적인 표준으로는 ISO 14001이 있다.

• **안전보건경영시스템:** 조직활동에서 위험 요인을 발견하여 이를 제거함으로써 직장의 안전을 확보는 경영시스템으로 OHSAS 18001이 대표적인 표준이다. 이들 외에도 식품 안전 위생이나 정보 보안에 관한 경영시스템 등에 관한 국제 표준이 있다. 여기서 중요한 점은 어느 한 조직에서 복수의 방침·목적에 맞춰 복수의 경영시스템을 구축하는 경우에도 이들이 결코 개별적으로 존재하지 않는다는 것이다. 조직에서 경영시스템이란 본래 하나이며 그 안에서 기능별로 복수의 하부 시스템이 존재하거나 조직이 가진 목적별로 경영시스템의 여러 측면이 있는 것이다. 이는 특히 복수의 경영시스템 표준이나 매뉴얼 등에 따라 경영시스템을 구축·운영할 때 반드시 주의해야 할 점이다.

ISO 500010|란

성립 과정

1.1 각국의 에너지경영시스템 표준과 법률

국제 시장에서 원유 등의 에너지 자원 가격이 급등하고 지구 온난화 문제가 심각해지면서 전 세계가 성에너지를 비롯한 에너지 이용의 효율화에 나서기 시작했다. 이러한 흐름에 맞춰 국가와 지역, 기업 등 다양한 각도에서 체제를 정비하고자 에너지경영시스템(이하 'EnMS'라 한다)의 구축, 운영이 진행되어 왔으며, 각국에서 EnMS 표준을 개발해 왔다. 그 목적으로는 성에너지의 추진을 통한 에너지 비용의 감축, 경영시스템의 확립·실시를 통한 에너지 관련 활동의 관리 효율화, 탄소 관리(Carbon Management)와 환경 보고서 등 환경 관련 법 규제, 사회의 요구에 따른 대응 효율화 등을 들 수 있다.

또 에너지 효율이 높은 설비기기와 시스템의 도입·운영을 지원하여 감축한 에너지 비용의 일부를 수입으로 취득하는 ESCO 사업처럼 성에너지와 관련된 지원·서비스를 제공하는 사업자가 EnMS의 보급을 시장 확대의 기회로 환영하는 경우도 있다. 〈표 2-1〉은 ISO 50001 개발 당시의 주요 EnMS 표준의 상황이다.

〈표 2-1〉 주요 EnMS 표준(ISO 표준 개발 당시)

주요 국가	표준 번호	표준 명칭
미국	ANSI/MSE 2000–2008	Management System for Energy
유럽(EU)	EN 16001	Energy management systems–Requirements with guidance for use
중국	GB/T 23331–2009	Management System for Energy
일본	없음	없음

1.2 국제표준화와 ISO

각국 또는 각 기업과 조직에서 독자적인 EnMS를 구축하고 실천하여 표준을 개발해 왔다. 각각의 표준은 '기본이 되는 표준과 각국의 에너지 사정의 차이로 인해' 상호 적용이 어려웠기 때문에 국내와 타국의 에너지경영 방법을 표준화하여 효율적으로 운영하고 국내외 성에너지와 관련한 사업의 전개를 지원한다는 관점에서 EnMS의 국제 표준화에 대한 필요성이 대두되었다.

그 후 2007년에 미국과 브라질이 ISO(International Organization for Standardization; 국제표준화기구)에 EnMS 국제 표준 개

〈그림 2-1〉 표준의 분류

발을 제안하였다. 〈그림 2-1〉은 국제 표준과 그 밖의 표준의 관계를 나타낸 것이다.

1.3 ISO의 조직과 활동

ISO는 기술의 전 분야에 걸쳐 국제표준화 업무를 하기 위한 민간 비영리 법인 조직이다. 단, 전기·전자 분야의 국제표준화는 IEC(International Electrotechnical Commission; 국제

전기표준회의)가 맡고 있다. 또한 ISO는 이 조직이 책정하는 표준의 총칭으로도 이용되고 있다. 스위스 제네바에 본부를 두고 있으며, 원칙적으로 한 국가당 한 기관이 참가할 수 있다. ISO는 1947년에 전신인 ISA(International Federation of the National Standardizing Associations; 전세계통일규격협회)가 발전하여 설립되었다. 2007년 말 현재, 172개국이 참여하고 있고, 1,800개 이상의 표준화 작업을 진행하였다. 일본은 1952년에 JISC(Japanese Industrial Standards Committee; 일본공업표준조사회)가 가입하였다.

〈그림 2-2〉는 ISO의 일부 조직을 나타낸 것이다. ISO의 총회는 매년 1회 개최를 원칙으로 하고 있으며 운영은 ISO의 주요 임원 및 선정된 20개의 회원 단체로 구성된 이사회가 결정한다.

TMB(Technical Management Board; 기술관리이사회)는 이사회가 지명한 24명의 멤버로 구성되며 ISO의 조직, 조정, 전략 기획 및 전문 업무의 계획에 대한 모든 사항을 이사회에 보고하고 조언한다. 또한 ISO 전문 활동의 새로운 분야에 대한 제안을 심사하는 업무와 TC(Technical committee; 전문위원회)의 설치 및 해산에 관한 모든 사항을 결정하고 TC

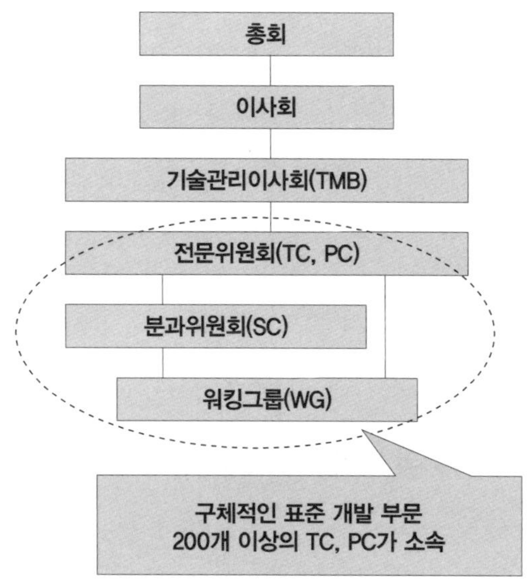

〈그림 2-2〉 ISO의 조직

의 작업 및 프로젝트 관리 요구사항을 감시한다. 또 각 TC 의 타이틀, 적용 범위 및 업무 계획의 승인, TC 의장의 지명, ISO의 TC 및 IEC 등 기타 표준 관련 조직 간의 조정 등 표준 개발을 실시하는 하부 조직을 관리하고 있다. 실제로 각 표준의 개발을 담당하는 것은 TC 이하의 SC(Sub Committee; 분과위원회), WG(Working Group; 워킹그룹)로, 200

개 이상의 TC, 500여 개의 SC, 2,400여 개의 WG가 활동 중이다. 참고로 TC와 비슷한 그룹으로는 PC(Project Committee; 심의위원회)가 있다. TC는 ISO 9000 패밀리나 ISO 14000 패밀리와 같은 패밀리 표준을 작성하는 조직이며, PC는 단독 표준을 개발하는 조직이라는 점에서 성격이 서로 다르다.

1.4 ISO 50001의 개발 조직과 경위

ISO 50001은 2007년 미국과 브라질이 ISO에 EnMS의 국제 표준 개발을 제안하여 2008년 2월에 찬성다수, 반대표 0으로 가결되었다. 그것을 받아들여 ISO 산하에 PC 242를 설치하였다. PC 242는 전체 운영 방침을 논의·관리하는 PC, 표준 개발의 실무를 담당하는 WG, PC 242 의장에게 조언하는 기관 CAG(Chairman's Advisory Group; 의장자문그룹)로 구성된다. PC 242의 의장은 미국에서, 부의장은 중국에서 선출되며 사무국은 미국과 브라질이 담당하고 있다. 워킹그룹의 사무국은 영국과 중국이 맡고 있으며, 미

국, 중국, 브라질, 영국 네 나라가 간사국이다. 일본도 참
가국 중 하나로 PC 242에 참여하고 있다.

ISO의 표준 개발은 NWIP(New Work Item Proposal; 신규 업무
항목 제안), WD(Working Draft; 업무 원안), CD(Committee Draft; 위원
회 원안), DIS(Draft International Standard; 국제 표준안), FDIS(Final
Draft International Standard; 최종 국제 표준안), IS(International
Standard; 국제 표준)의 각 단계를 거쳐 완성된다. 각 단계에
서 표준안은 투표를 통하며, 이 때 PC 242의 회원국·조
직이 제출한 수정 요망(의견)을 처리하고 개발 방침을 심의
하는 국제회의를 개최한다. 〈그림 2-3〉은 PC 242의 ISO

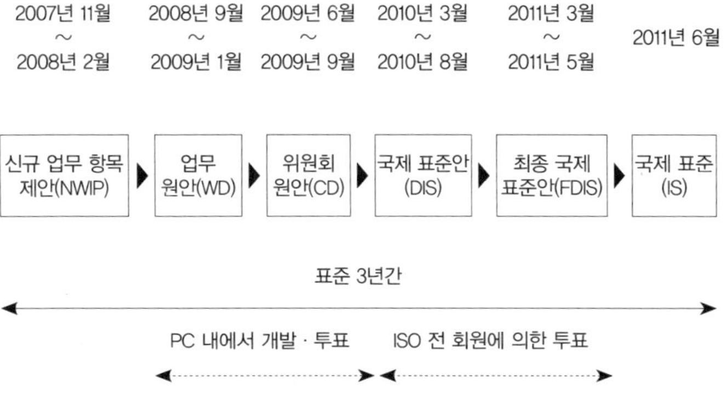

〈그림 2-3〉 PC 242에 의한 ISO 50001 표준 개발의 흐름

50001 표준 개발 흐름을 나타낸 것이다. 그림에서 일시를 나타내는 부분 중 위쪽은 표준안의 제출 기한, 아래는 투표 기한을 의미한다.

일본에서는 JISC 산하의 (재財)에너지종합공학연구소가 심의 단체로 승인을 받아 일본의 의견을 수렴하며 표준 개발에 참여해 왔다. 심의 단체 산하에 표준안의 투표와 국제회의에 대한 대응 방침을 심의하는 일본심의위원회(위원장 도쿄대학대학원 마쓰하시 류지 松橋 隆治), 표준 개발의 실무를 담당하는 워킹그룹[주사 (독獨)산업기술종합연구소 니시오 마사히로 西尾 匡弘]을 설치하여 표준안에 일본의 주장을 반영하기 위한 국제회의의 논의나 표준 수정안의 작성 활동에 적극적으로 참여해 왔다.

이러한 과정을 거쳐 2011년 6월 25일에 드디어 ISO 50001(Energy management systems-Requirements with guidance for use 에너지경영시스템 요구사항 및 사용 지침)이 발행되었다.

ISO 50001의 기본

2.1 ISO 50001의 특징

ISO 50001(EnMS)의 특징은 다음과 같다.

① ISO 9001(QMS), ISO 14001(EMS)와 마찬가지로 경영시
스템에 관한 요구사항을 규정한 표준으로, 자기선언,
제3자 인증 모두에 적용하고 있다.

② 에너지 효율 등의 성과를 지속적으로 개선함으로써 조
직에서 에너지를 효율적으로 사용하고, 경쟁력 강화,
온난화 대책 등에 대한 공헌을 기대할 수 있다.

③ 기획(에너지 검토를 통해 관리해야 할 에너지 이용 및 사용량의 특정
등) 및 운전 관리(설비의 계획 설계, 조달 등)의 요구사항이 상
세하게 제시되어 있다. 단, 이들 요구사항은 경영의 방
법(how)에 관한 것이다.

④ 이 표준은 에너지에 관한 특정한 성과 기준을 규정한
것이 아니다. 어떤 종류의 에너지를 취급할 것인지, 무
엇을 에너지 성과로 관리할 것인지, 그 성과의 기준치
는 어떻게 정할 것인지 등의 what은 각국의 법 규제
등을 고려하여 조직이 독자적으로 결정하게 된다.

⑤ 품질, 안전, 환경 및 SR(사회적 책임) 등 여타 경영시스템
과의 병용, 통합이 가능하다.

⑥ 조직이 모니터링하고 영향을 미칠 수 있는 에너지 이
용에 관한 모든 요소에 적용된다. 또한 이 표준은 모든
조직에 적용할 수 있다.

⑦ 이 표준은 에너지 성과의 PDCA 사이클과 경영시스템
자체의 성과, 두 가지를 관리하는 구조를 띠고 있다.

2.2 ISO 50001의 대상(적용 범위)

〈그림 2-4〉는 ISO 50001의 대상인 에너지의 개념도를 나타낸 것이다. '1장 1절 에너지(12p)'에서 설명했듯이 1차 에너지, 2차 에너지 모두 그 종류가 다양하다. 이 중에서 성에너지법 등에 의거해 관리를 의무화하고 있는 에너지와 해당 조직이 중시하는 에너지(예를 들어 풍력, 태양열, 압축공기)가 바로 ISO 50001을 통해 조직이 구축하는 EnMS의 관리 대상이 될 수 있다.

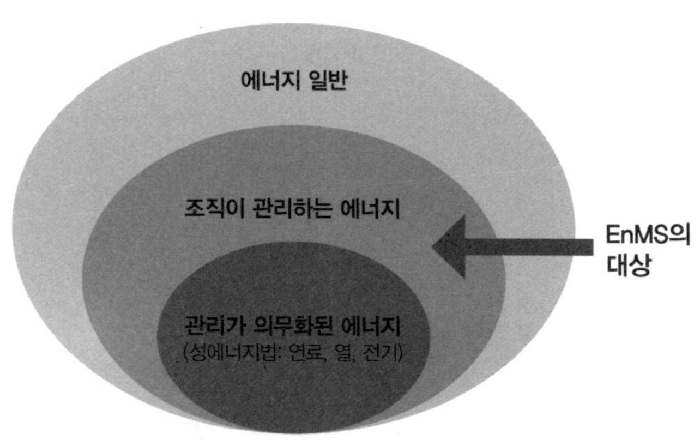

〈그림 2-4〉 ISO 50001의 대상인 에너지

〈그림 2-5〉는 ISO 50001의 대상인 조직 및 활동(에너지 이용 용도)의 개념도이다. '1장 3절 경영시스템(52p)'에서 설명했듯이 조직은 복수의 소조직으로 이루어져 있으며 각각은 고유의 기능을 담당하면서 활동하고 있다. ISO 50001에서는 에너지경영을 실행하는 권한과 능력이 있는 조직 안의 계층이나 구성 단위도 대상이 될 수 있다. 뒤에 언급될 에

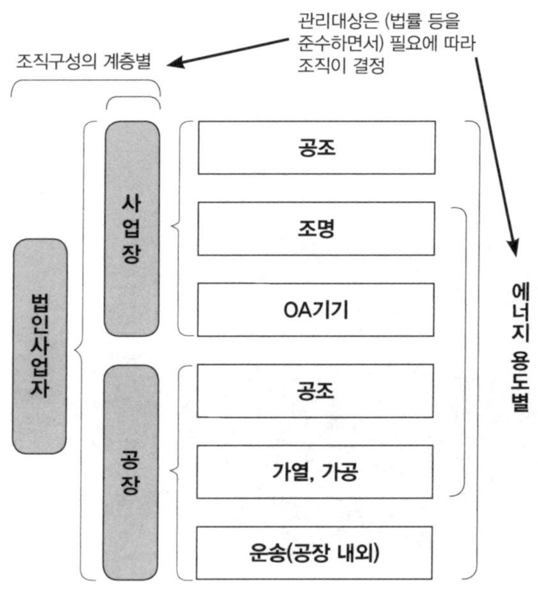

〈그림 2-5〉 ISO 50001의 대상인 조직 및 활동

너지 검토를 통해 에너지의 용도(조직의 활동)는 에너지경영에서 조직에게 중요한 용도·활동(ISO 50001에서는 '중요에너지 이용'이라고 한다)이라고 인정되는 범위를 대상으로 하고 있다.

2.3 ISO 50001의 전체(장 구성)

〈표2-2(80p)〉는 ISO 50001의 장(章) 구성을 나타낸 것이다. '서문'과 '1'의 적용 범위에서는 표준의 목적과 적용 범위를 규정하고 있으며, '3'에서는 에너지경영 및 경영시스템이라는 두 분야에 대해 표준에서 사용하고 있는 28개의 용어를 정의하고 있다. '4'는 표준의 중심인 요구사항을 규정하고 있다. '4.2'의 경영 책임에서는 최고경영자의 책무와 에너지 관리 책임자의 책임을 규정하고 있으며, '4.4'의 기획에서는 에너지 검토를 통한 에너지 이용 실태의 파악, '4.3'에서 규정한 에너지 방침에 근거한 목표, 세부목표 및 실행계획을 책정하기 위한 요구사항을 규정하고 있다.

'4.5'의 실행 및 운영에서는 조직 구성원의 교육 훈련, 조직 안팎의 의사소통, 문서 관리, 운전 관리, 에너지 성과를

장	내용
1	적용 범위
2	인용 표준
3	용어의 정의
4	에너지경영시스템 요구사항
4.1	일반 요구사항
4.2	경영 책임(최고경영자/관리 책임자)
4.3	에너지 방침
4.4	에너지 기획(일반/법규 및 그 밖의 요구사항)/ 에너지 검토/ 에너지 베이스라인/ 에너지 성과지표/ 에너지 목표, 에너지 세부 목표 및 에너지경영 실행 계획)
4.5	실행 및 운영(일반/적격성, 교육 훈련 및 인식/ 의사소통/ 문서화/ 운전 관리/ 설계/ 에너지 서비스, 제품, 장비 및 에너지 구매)
4.6	점검(모니터링, 측정 및 분석/ 법규 및 그 밖의 요구사항에 대한 준수평가/ EnMS 내부심사/ 부적합에 대한 시정, 시정 조치 및 예방 조치/ 기록관리
4.7	경영 검토(일반/ 경영 검토 입력/ 경영 검토 출력)
부속서(A) (참고)	이 표준의 사용 지침
부속서(B) (참고)	JIS Q 50001:2011, JIS Q 9001:2008, JIS Q 14001:2004 및 ISO 22000:2005 간의 대응

〈표 2-2〉 ISO 50001의 장 구성

고려한 설계, 구매에 관한 요구사항을 규정하고 있다. '4.6' 의 점검에서는 에너지 성과의 측정과 분석에 관한 요구사 항을 규정하고 있다. '4.7'의 경영 검토에서는 그 밖의 다른 경영시스템 표준과 마찬가지로 경영시스템의 지속적인 개 선을 실시하기 위한 요구사항이 규정되어 있다. 참고로 에 너지 감사(에너지 진단) 및 벤치마킹은 표준의 본문이 아닌 부 속서 A에 수록되어 있다.

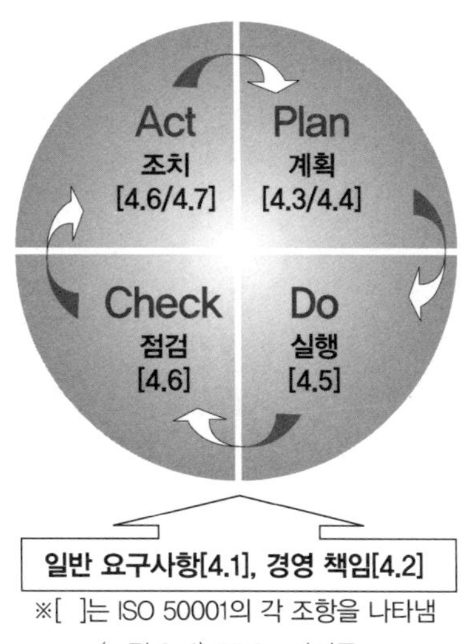

〈그림 2-6〉 PDCA 사이클

〈그림 2-6〉은 앞에서 설명한 구성을 PDCA 사이클에 대응한 이미지이다. EnMS는 전체적으로 '4.3(에너지 방침)',

'4.4(에너지 기획)'이 P(계획)부분, '4.5(실행 및 운영)'이 D(실행), '4.6 (점검)'과 '4.7(경영 검토)'가 C(점검) 및 A(조치)에 해당한다. 에너지 성과 관리의 경우 '4.4(에너지 기획)'의 목표, 세부목표 및 실행 계획이 P에, '4.5(실행 및 운영)' 중 특히 운전 관리나 구매가 D에, '4.6(점검)'이 C 및 A에 해당한다. 또 '4.1'과 '4.2'는 PDCA 사이클을 적절하게 순환시키기 위해 필요한 전제 조건을 기재한 것으로도 풀이할 수 있다.

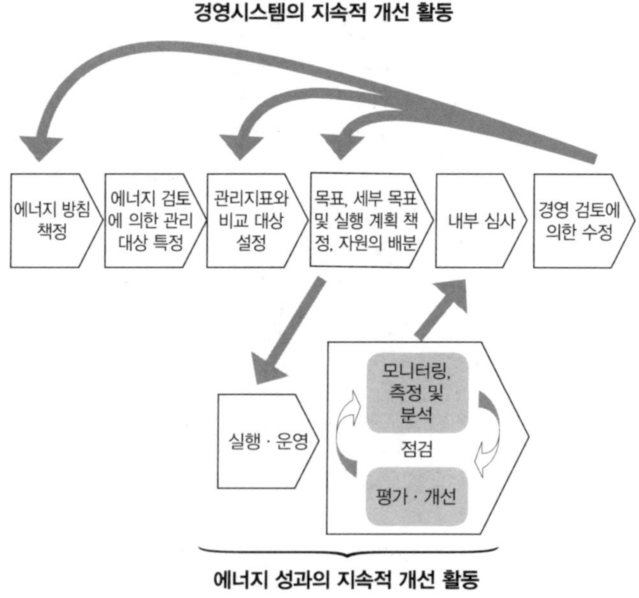

〈그림 2-7〉 ISO 50001에 따른 경영 플로우

〈그림 2-7〉은 ISO 50001에 따른 경영 플로우의 개념도이다. 앞에서 설명한 것과 같이 에너지 성과의 개선과 경영 시스템 자체의 개선이라는 두 가지 PDCA 사이클을 형성하고 있다. 그리고 조직의 각 계층에서 이러한 PDCA 사이클이 분류되어, 각 계층별로 순환하면서 전체 경영 사이클과 연계되는 것이다.

2.4 성에너지법과의 관계

〈그림 2-8(84p)〉은 성에너지법과 ISO 50001이 내용 면에서 어떤 차이점과 공통점을 가지고 있는지를 나타낸 것이다.

양자 모두 조직의 에너지경영 체계의 확립과 촉진을 지향한다는 점에서 공통된다. 또 ISO 50001의 표준 개발 과정에서 각국의 에너지 분야에 대한 법 규제의 준수와 정합성 확보를 고려한 결과, PDCA 사이클에 의한 지속적 개선, 에너지 원단위를 중심으로 한 에너지 성과지표의 설정 등 에너지경영의 방식에서도 공통점이 있어, 운영상의 모순점은 없다해도 무방하다. 여기서 주목할 점은 에너지경영의

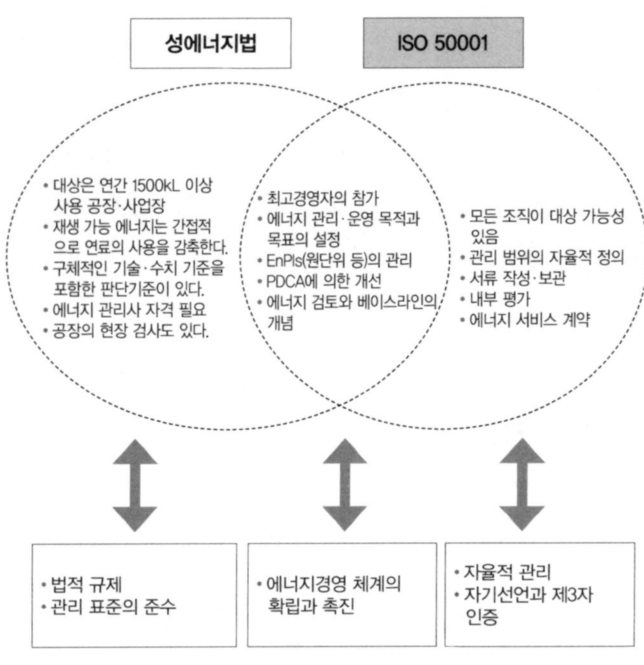

〈그림 2-8〉 성에너지법과 ISO 50001의 관계

실효성을 확보하기 위해 최고경영자의 참여가 중요하다는 것이 공통점이다.

양자의 차이점은 〈그림 2-9〉의 성에너지법과 ISO 50001의 적용 대상, 법 규제, 표준의 차이점에 근거한 위치 관계

(포지셔닝맵)에서 제시한 바와 같이 성에너지법이 강제 법규인 반면, ISO 50001은 자율 운영에 의한 임의 표준이라는 점에서 차이점이 있다. 구체적으로 살펴보면 성에너지법은 원유 환산 1500kL/년 이상 에너지를 소비하는 조직을 대상으로 하고 있으며, ISO 50001은 중소기업을 포함한 모든 조직에 대한 적용을 고려하여 개발되고 있다. 또 성에너지법에서는 구체적인 측정 기술, 방법, 수치 기준을 설정하고 있는데 비해, ISO 50001은 조직이 그 나라의 법 규제 등을 준수하면서 스스로 설정하도록 정하고 있다.

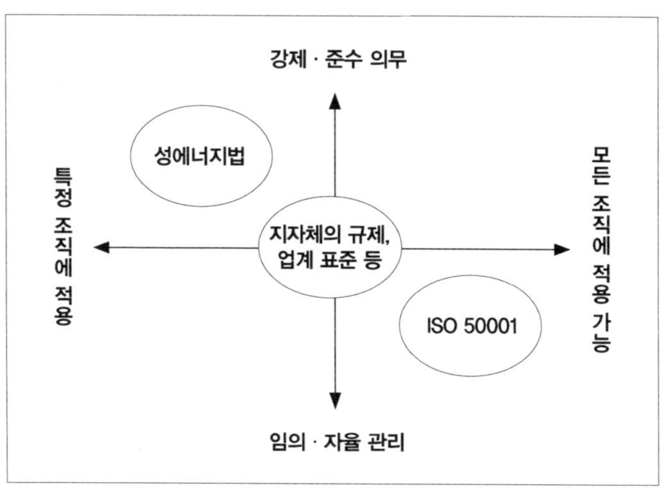

〈그림 2-9〉 성에너지법과 ISO 50001의 포지셔닝맵

2.5 타 경영시스템 표준과의 관계

ISO 50001(EnMS)과 ISO 14001(EMS) 및 ISO 9001(QMS)의 관계를 살펴보겠다. 〈그림 2-10〉은 ISO 14001과 ISO 50001의 차이점 및 공통점을 나타낸 것이다. ISO 14001은 경영 대상인 환경에 에너지가 포함되기 때문에 ISO 14001을 이용해 에너지경영을 실행하고 있는 조직들도 있다. ISO 50001의 표준 개발 과정에서 ISO 14001과의 정합성이 고려된 만큼 경영시스템 표준으로서의 기본적인 체계는 양 표준 모두 동일하다고 할 수 있다.

단, ISO 50001은 에너지 분야에 특화된 표준인 만큼 ISO 14001 이상으로 에너지 성과를 위한 경영 방법에 대해 상세한 규정이 마련되어 있다. 구체적으로 살펴보면 기획 단계에서 ISO 14001은 환경 측면에 한 가지 항목만을 정하고 있으나, ISO 50001은 에너지 검토, 에너지 베이스라인, 에너지 성과지표라는 세 가지 항목을 설정하여 요구사항을 규정하고 있다. 또 실시 단계에서도 ISO 14001은 운전 관리라는 한 항목밖에 없지만 ISO 50001은 운전 관리, 설계, 에너지 서비스·제품·장비 및 에너지 구매의 세

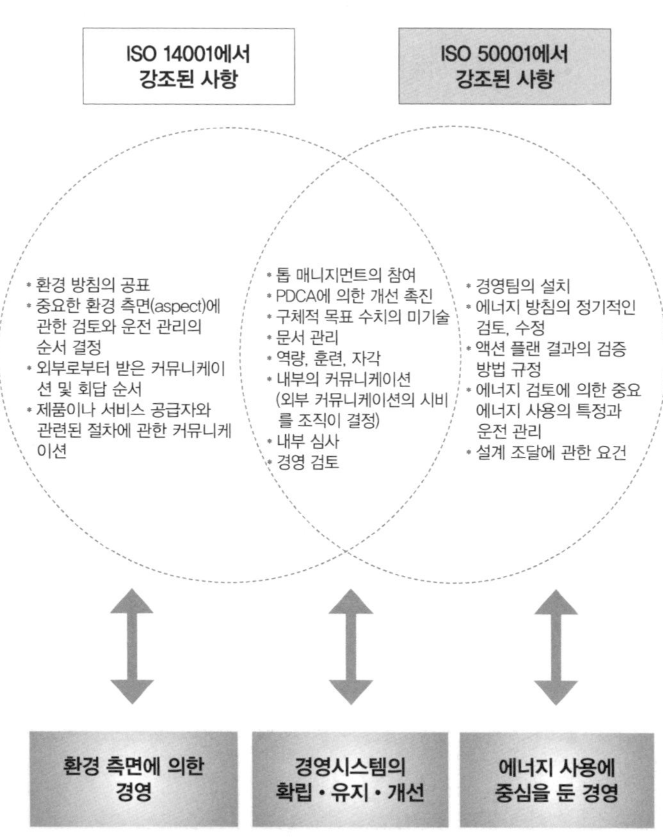

〈그림 2–10〉 ISO 14001과 ISO 50001의 관계

가지 항목을 설정하여 요구사항을 규정하고 있다.

〈표 2-3〉은 ISO 50001과 ISO 9001의 관계를 나타낸 것이다. 양 표준의 가장 큰 차이점을 살펴보면 ISO 9001은 조직이 외부(고객)에 제공하는 제품과 서비스의 품질을 유지하고 제고함으로써 고객 만족의 향상을 꾀하고 있지만, ISO 50001은 조직 자체적인 활동에 관한 에너지 성과의 제고를 지향하고 있다는 점이다. 따라서 ISO 50001에서 말하는 제품과 서비스는 주로 조직이 사용하거나 외부의 조달로 에너지 이용을 수반하는 제품과 서비스를 가리키는 경우가 많다.

설계에서는 ISO 9001이 제품과 서비스의 품질을 유지하고 개선하기 위한 프로세스에 착안하고 있지만 ISO 50001은 제품과 서비스를 제조, 판매하는 과정상의 에너지 이용에 착안하고 있다는 점이 다르다. 이 차이점을 반영하여 ISO 9001은 설계에서 보다 상세하게 요건을 규정하고 있다. 성과 평가의 경우, 양 표준 모두 모니터링이나 측정의 대상이 다르며 ISO 9001에서 보다 상세하게 규정하고 있다. 또 ISO 9001에는 내부 심사 후의 사후 관리 활동도 규정되어 있다.

<표 2-3> ISO 50001과 ISO 9001의 관계

	대비 항목	ISO 50001	ISO 9001
기본 사항	기본 개념	경영시스템이며, 구체적인 기술 및 수치 기준을 포함하지 않는다.	
	적용 범위	양 표준 모두 모든 조직을 대상으로 할 가능성이 있다.	
	경영층 및 관리 책임자	양 표준 모두 경영시스템 실시에 책임을 지는 최고경영자에 대해 경영 대표자·책임자의 임명을 의무화하고 있으며 적임자의 자격 요건을 규정하고 있다.	
	방침	표준의 방침에 관한 규정. 대상이 다르므로 방침에 대한 요건에서 일부 차이점이 있다.	
계획 사항	목표·세부목표	경영시스템을 실시하기 위한 구체적인 목표·세부목표를 결정하고, 이를 문서화해야 한다고 규정하고 있다.	
		에너지 데이터의 베이스라인에 관한 규정이나 에너지 성과지표에 관한 규정을 포함한다.	최고경영자에게 세부목표의 설정을 요구하고 있으며, 제품이나 서비스와 관련한 다양한 요건의 특정을 요구하고 있다.
	액션 플랜	세부목표를 달성하기 위해 실행 계획을 책정하도록 한 규정. ISO 50001은 액션 플랜(실행 계획) 결과의 검증을 규정하고 있다.	
실시·운영 사항	적격성, 교육 훈련 및 인식	경영시스템에 종사하는 인적 자원과 경험 등을 정하고 있는 규정. 양 규정에 큰 차이는 없다.	
	문서	문서에 포함되는 내용은 관리 대상이 다른 탓에 담아야 하는 내용도 다르다. 단, 문서 관리의 취급 절차·방법의 규정에는 큰 차이가 없다.	
	운전 관리	중요에너지 이용에 관한 기준의 설정, 시설·프로세스·시스템 등의 유지, 그리고 적절한 의사소통을 실시할 것을 규정하고 있다.	조직에 필요한 '관리된 제조나 서비스의 제공'에 대한 요건을 규정하고 있다.

대비 항목	ISO 50001	ISO 9001
의사소통	ISO 50001에서는 내부, 외부 의사소통에 관한 요건을 규정하고 있으며, 외부 의사소통의 유무는 조직이 결정한다. ISO 9001에서는 내부 의사소통과 고객에 대한 의사소통에 관한 요건을 규정하고 있다.	
설계	설계에서 에너지 성과 개선의 기회를 고려하고, 평가 결과를 반영할 것을 규정하고 있다.	설계·계발 계획, 입력, 출력, 검토, 검증, 타당성, 확인 등 상세한 요건을 규정하고 있다.
성과 평가	**모니터링, 측정 및 분석** 중요에너지 이용, 실행 계획의 유효성 등의 열쇠가 되는 특성의 모니터링에 관한 규정. 적절한 에너지 측정 계획의 정의 및 실시를 요구하고 있다. **내부 심사** 경영시스템의 내부 심사를 규정. 에너지 성과가 개선되고 있는지의 확인도 규정하고 있다.	**모니터링, 측정 및 분석** QMS의 프로세스에 대해 모니터링, 실측 등을 요구하고 있다. QMS의 적절성과 유효성을 증명하기 위한 데이터 분석도 규정하고 있다. **내부 심사** 경영시스템의 내부심사를 규정. 심사 후 사후 점검활동도 규정하고 있다.
부적합 및 시정, 예방, 개선 조치	부적합 및 시정 조치, 예방 조치에 관한 규정으로 양 표준 모두 부적합이 있는 경우에 대처하기 위한 문서화된 절차의 책정을 규정하고 있다. 양 표준 사이에 특별히 큰 차이점은 없으나, ISO 9001은 제품이 트러블을 일으켰을 때를 상정한 시정 조치도 규정하고 있다.	
경영 검토	경영시스템의 정기적인 재검토에 관한 규정. 경영 검토의 대상인 입력·출력에 관한 요건도 명기하고 있다. 경영 대상이 다른 탓에 입력·출력 정보에도 차이가 있다.	

ISO 50001의 요점

3

3.1 ISO 50001에서 에너지경영시스템의 전체상

‘2장 2절 ISO 50001의 기본(75p)’에서 ISO 50001이 PDCA 사이클을 바탕으로 한 경영시스템임을 밝힌 바 있다. 여기서는 우선 ISO 50001에 제시된 EnMS의 전체상을 조감한 후에 중요한 조항의 요점을 살펴보겠다.

〈그림 2-11(92p)〉은 ISO 50001에 제시된 EnMS의 전체상이다.

처음 조직이 EnMS를 구축할 때는 에너지 방침을 설정하는 것부터 시작한다. 여기에서는 최고경영자가 경영시스

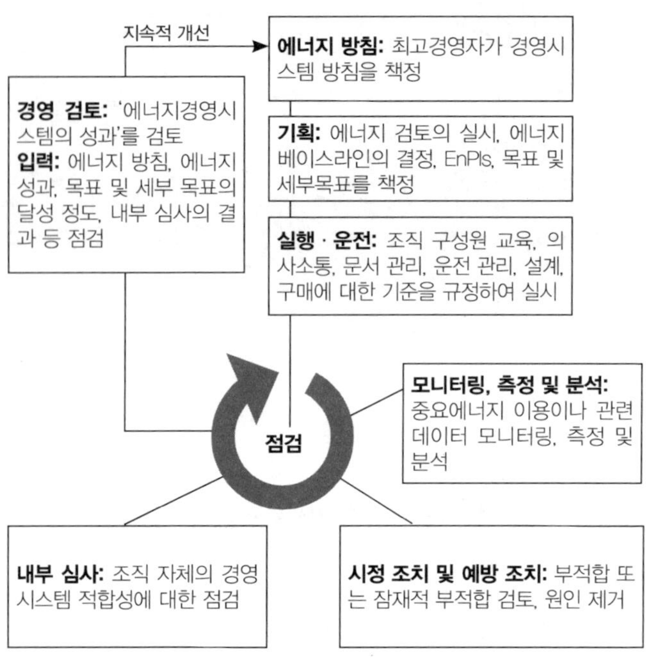

〈그림 2-11〉 ISO 50001에 제시된 EnMS의 전체상

템의 방침을 정하고 있다. 기획 단계에서는 에너지 검토를 실시하고 에너지 베이스라인을 결정하며, 에너지 성과지표(이하 'EnPIs'라 한다), 에너지 목표 및 세부목표 등을 책정한다. 실행 및 운영 단계에서는 조직 구성원에 대한 교육, 의사소통, 문서 관리, 운전 관리, 설계, 구매에 관한 요구사

항을 규정하고 있다. 점검에는 모니터링·측정·분석, 시정 조치 및 예방 조치, 내부 심사가 포함된다. 모니터링, 측정 시 에너지 성과에서 뚜렷하게 벗어난 것을 발견한 경우에는 대책을 강구하도록 규정하고 있다. 그리고 그림에서 '점검'을 에워싸고 있는 화살표는 일일 모니터링과 측정을 통해 에너지 성과의 개선을 지향하고 있음을 나타낸 것이다. PDCA의 마지막 단계는 경영 검토로, 최고경영자는 에너지 경영시스템 운영 결과와 개선점을 검토한다.

3.2 ISO 50001 각 조항의 요점

1) 적용 범위

여기서 말하는 ISO 50001의 적용 범위란 기업이나 사업장과 같은 조직 내에서 ISO 50001에 적합한 EnMS를 구축할 때 검토해야 할 범위를 가리킨다. ISO 50001에서는 적용 범위에 대해「에너지 성과의 지속적인 개선을 목표로, 체계적으로 활동 가능한 EnMS를 구축·운영·개선하기 위해 필요한 것」이라고 기술하고 있다. 이 표준은 EnMS의 운영·구축을 원하는 모든 조직에 적용이 가능하다.

에너지 성과를 지속적으로 개선하기 위해서는 에너지 성과에 영향을 미치는 요소를 관리할 필요가 있다. 에너지 성과에 영향을 미치는 요소로는 설비, 시스템, 프로세스와 같은 조직 내부의 하드웨어 및 소프트웨어부터 조직 외부에서 구매하는 에너지 관련 물품까지 다방면에 걸쳐 있다. 그리고 설비의 개조나 신설, 증설 등도 에너지 사용량의 변동을 가져오기 때문에 에너지 성과에 영향을 미칠 수 있다. 설비는 조직 구성원들이 이용하기 때문에 이들에 대한 교육 훈련 등도 대상이 된다. 하지만 외부 환경의 변화 등과 같이 조직이 제어하기 어려운 요인의 경우 적용 범위에서 제외된다. 어디까지나 조직이 영향을 미칠 수 있는 요인에 대해서만 관리하면 된다.

에너지 성과의 개선 정도에 대해서는 조직이 스스로 목표를 설정하도록 정하고 있다. 이는 나라와 기업마다 에너지 효율이나 에너지 수급 여건이 다르므로 일률적인 수치 목표를 설정하는 것은 적절하지 않기 때문이다.

조직에 따라서는 ISO 14001 인증을 취득하는 경우도 많은데, ISO 50001은 단독으로 운영하거나 다른 ISO 경영시스템 표준과 통합하여 운영할 수 있다. 이 표준의 적합성을 제시하는 데는 '자기선언'과 외부 조직의 심사를 받아 인증을 취득하는 '제3자 인증'이라는 두 가지 방법이 있다. 인증 체계의 상세한 내용은 '2장 5절 제3자에 대한 보증(136p)'을 참조하길 바란다.

2) 에너지 관련 용어 정리

에너지의 기본 지식은 앞에서 설명하였다. 여기서는 ISO 50001의 에너지 관련하여 이해해 두어야 할 용어를 정리한다.

① 에너지

에너지는 「전기, 연료, 증기, 열, 압축공기 및 기타 유사한 매체」라고 정의하고 있다. 따라서 조직이 제품을 제조하고 서비스를 제공하는 등의 활동에 필요한 전력이나 연료를 에너지로 생각하면 된다. 예를 들어 공장이라면 로봇을 작동시키기 위한 전력과 보일러의 연료인 중유 등을 들 수 있다. 밸브를 구동시키는 압축공기의 경우, 컴프레서에 필요한 전력이 에너지이다. 또한 사용되는 에너지뿐만 아니라 저장되어 있는 에너지에도 적용된다.

매체라는 단어는 일상생활에서 잘 사용하지 않는 용어이기 때문에 이해하기 어려울 수 있다. 연료는 화학반응의 전후로 극히 적은 질량분의 에너지를 방출하며 대부분의 질량은 그대로 반응물로 남는다. 물리학적으로 엄밀한 표현이 아닐지도 모르지만, 이 때문에 물질이 에너지를 운반하는 매체로 사용된다고 볼 수 있다.

② 에너지 이용과 에너지 사용량

에너지 이용은 「에너지의 이용 방법 또는 종류」를 의미하며 에너지의 용도를 제시하고 있다. 공조, 조명 등이 여기에 속한다.

에너지 사용량은 「이용한 에너지의 양」으로 양의 개념을 포함한 용어이다. 이들 두 용어를 원문에서는 각각 energy use 와 energy consumption으로 표현하고 있다. 표준의 요구사항으로 energy use and energy consumption이라고 사용하고 있다. 또 에너지 검토를 실시하면 조직에서 중요에너지 이용을 발견할 수 있는데, 이 중요에너지 이용의 정의를 보면 용도와 함께 '중요(significant)'라는 양의 개념도 내포하고 있다.

③ 에너지 성과

　에너지 성과는 ISO 50001의 중요한 개념이다. 에너지 성과에 대해 「에너지 효율, 에너지 이용 및 에너지 사용량과 관련된 측정 가능한 결과」라고 정의하고 있다. 이런 이유로 조직은 조직의 에너지 방침과 목표, 세부목표, EnMS의 요구사항에 따라 측정 가능한 것을 설정할 필요가 있다. 또한 '주2'에서는 「에너지 성과는 에너지경영시스템의 성과 중 일부이다」라고 기술되어 있다(〈그림 2-12〉는 그 개념도이다). 다른 말로 바꾸어 보면 에너지 성과 외에도 EnMS 성과도 설정할 수 있다.

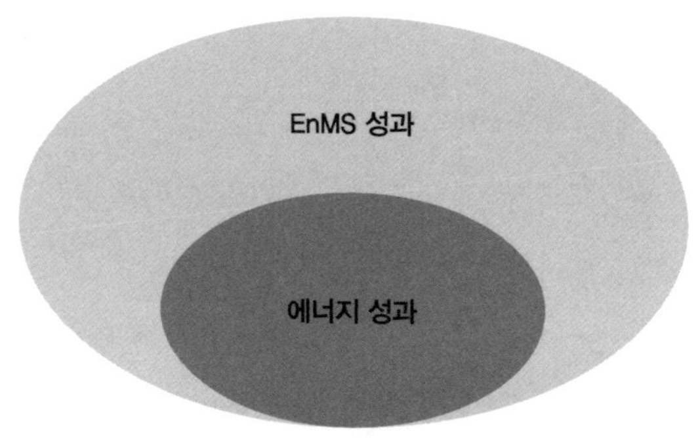

〈그림 2-12〉 EnMS 성과 개념

그럼 구체적으로 에너지 성과는 어떻게 설정하면 될까?

ISO 50001의 부속서 A에는 「에너지 이용, 에너지 사용량, 에너지 효율, 에너지 원단위를 포함한다」고 기술되어 있으므로 조직은 상황에 맞는 에너지 성과를 설정하면 된다. 예를 들어 성에너지법과의 정합성을 중시하고 싶은 조직은 에너지 원단위를 에너지 성과로 설정하면 ISO 50001과 성에너지법을 양립하여 효과적으로 실현할 수 있다. 조직의 에너지 관리는 단독 에너지 성과만으로 관리하는 것은 비현실적이다. 공장이라면 에너지를 많이 사용하는 공정이 복수 존재할 것이며, 사무 업무가 중심인 사업장이라면 공조와 조명, 업무에 따라서 컴퓨터의 소비 전력이 많아지기도 한다.

④ EnPIs

EnPIs는 「조직이 정한 에너지 성과의 정량적 수치 또는 측정값」으로 에너지 성과의 정량적인 값을 뜻한다. 이는 온도와 같은 단순한 측정치인 경우도 있지만, 에너지 효율을 에너지 성과의 기준으로 보면 출력과 입력의 비로 계산할 수 있다. 때에 따라 조직의 판단 아래 복수의 데이터를 이용한 복수의 수리 모델을 도입하여 값을 구하는 것이 적절한 경우도 있다.

3) 일반 요구사항

일반 요구사항에서는 조직에게 ISO 50001의 요구사항에 따라 「EnMS 구축, 문서화, 실행, 유지, 개선할 것」, 「EnMS의 적용 범위와 경계를 규정할 것」, 「에너지 성과 및 EnMS를 지속적으로 개선하기 위해 ISO 50001의 요구사항을 충족하는 방법을 결정할 것」의 세 가지를 요구하고 있다.

여기서 특히 주목할 점은 ISO 50001에서는 요구사항을 충족하는 방법(how)을 조직에 맡기고 있으며 무엇을 해야만 하는가(what)를 표준에서 요구하고 있다는 점이다.

또 ISO 50001에서는 EnMS를 '확립하고(establish), 실행하고(implement), 유지하고(maintain), 지속적으로 개선(continually improve)한다'고 표현하고 있는데, 이는 경영시스템에 익숙지 않은 이들에게는 다소 부자연스러운 표현으로 보인다. 이러한 이유로 이 책에서는 '확립'을 '구축'으로 바꾸도록 하겠다.

4) 최고경영자의 적극적 관여

ISO 50001에서는 최고경영자를 「조직의 최상위 권력을 가진 사람 또는 그룹」이라고 정의하고 있으며, 기업의 경우라면 경영진에 속한다. EnMS에 국한하지 않고 경영시스템을 구축하고 운영할 때 의사결정 권한이 집중되는 최고경영자의 참여가 중요하다. 최고경영자의 공헌이 중요한 것은 필요조건이며 경영시스템을 운영하여 성과를 올리기 위해서는 최고경영자부터 현장에 이르기까지 각 계층에서의 참여가 필요하다. 이러한 사실은 운영 경험이 풍부한 ISO 9001이나 ISO 14001의 사례에서 이미 밝혀졌다.

(ㄱ) 최고경영자에게 요구하는 구체적인 요구사항은 다음과 같이 다양하다.

① 에너지 방침의 책정

우선 조직의 에너지경영의 방향성을 제시하는 에너지 방침을 책정한다. 에너지 방침에 대해서는 다음의 '5)에너지 방침(106p)'을 참조하길 바란다.

② 관리 책임자의 선임과 에너지경영팀의 승인

적절한 자격을 갖춘 EnMS의 관리 책임자(1명 또는 복수)를 선임하고 활동을 주도할 에너지 경영팀의 설치를 승인한다. 에너지경영팀은 관리 책임자가 인선하고 최고경영자가 승인한다. 여기에서 에너지경영팀의 모든 실무를 최고경영자가 맡을 필요는 없고 관리 책임자에게 이양할 수 있는 부분은 이양하여 추진하는 것이 효율적이다.

③ **필요한 자원의 제공**

EnMS나 에너지 성과의 구축, 실행, 유지, 그리고 개선을 위한 인적 자원 및 기술 자원, 자금 등 필요한 자원을 제공해야 한다.

④ **적용 범위와 경계의 결정**

구축할 EnMS가 적용되는 범위와 경계를 설정한다. 여기서 경계란 물리적인 부지, 프로세스, 조직, 조직의 일부 범위를 가리킨다. EnMS의 적용 범위는 조직이 시스템을 도입하는 목적이나 효과 등을 고려하여 결정해야 하는 중요한 사항이다.

⑤ **에너지 성과의 중요성을 조직 내부에 주지**

최고경영자의 '의지(commitment)'만으로는 경영시스템의 성과를 올리지 못하는 사례가 있으므로 에너지 경영의 중요성을 조직 구석구석까지 주지시킬 필요가 있다. 조직 내부에 대한 주지는 '7) Do(실행)의 요점(112p)'을 참고하기 바란다. 여기에서 '의지'는 사전에서 「의지, 약속, 공약」, 「의무, 책임, 책무 등」으로 정의하고 있으니 「상당히 강력한 의지」라고 이해하면 된다.

⑥ 에너지 목표, 에너지 세부목표의 설정

에너지 목표는 에너지 방침과 모순되지 않도록 설정한 특정 도달점을 나타낸 것으로, 에너지 방침을 세분화한 것이다. 에너지 세부목표는 에너지 목표를 달성하기 위한 정량적 목표이다. 에너지 목표는 장기적인 안목으로 설정하는 것이 좋다.

⑦ EnPIs의 적절성 확인

　EnPIs는 에너지 성과의 개선을 나타낸 것이므로 조직이 설정한 방침과 모순되지 않아야 한다.

⑧ 장기사업 계획 수립 시 에너지 성과의 고려

　장기사업 계획을 세울 때는 설정한 에너지 성과를 고려해야 한다. EnMS를 구축하는 조직의 경우 에너지 관련 사항이 경영에 미치는 영향이 크므로 장기사업 계획을 수립할 때는 에너지 성과를 고려해야 한다.

⑨ 정기적 보고의 명확화

　관리 책임자는 EnMS 성과와 에너지 성과를 정기적으로 최고경영자에게 보고해야 한다.

⑩ 경영 검토의 실시

　최고경영자가 직접 에너지경영시스템을 검토한다. 구체적으로 PDCA 사이클의 마지막 A에 해당하며, 다음 사이클의 P로 이어진다.

(ㄴ) 다음은 최고경영자가 임명한 관리 책임자에게 요구되는 사항이다. 이들 사항에서 알 수 있듯이, 관리 책임자는 EnMS 실무 대부분을 담당한다.

① EnMS의 구축, 운영, 개선

　일반 요구사항에서는 「조직이 EnMS를 구축, 운영, 개선해야 한다」라고 정하고 있다. EnMS의 구축, 운영, 개선은 최고경영자에 대한 요구사항이 아니므로 관리 책임자가 주도적으로 EnMS의 구축, 운영, 개선을 수행해야 한다.

② 에너지경영팀의 조직

　에너지 경영은 에너지 자원의 구입, 설비 조달, 운영 등 에너지와 관계가 깊은 부문부터 조명이나 공조 등으로 에너지를 이용하는 부서까지 조직의 거의 모든 부문과 관련되어 있다. 대규모 조직일수록 관리 책임자만으로 조직의 구석구석까지 에너지 경영의 실무를 담당하기 힘들다. 그러므로 각 부문에서 멤버를 선임하여 인사권을 가진 관리자의 승인을 얻은 후에 에너지경영팀을 조직하고 EnMS를 운영하는 것이 현실적이다. 또 조직의 규모에 따라서는 에너지경영팀의 구성원이 1명이 될 수도 있다.

③ 에너지 성과의 보고

에너지 성과는 최고경영자에게 보고해야 한다. EnMS 성과는 에너지 성과를 포함하고 있으므로 다음의 ④항과 중복되는 것으로 보인다. 일반 요구사항에서도 그 필요성을 규정하여 에너지 성과의 지속적인 개선을 강조하고 있다.

④ EnMS 성과의 보고

EnMS 성과는 최고경영자에게 보고해야 한다.

⑤ 에너지 방침에 따른 에너지 경영 계획의 책정

최고경영자가 책정한 에너지 방침에 따라 EnMS의 전체 계획을 책정해야 한다.

⑥ 책임 및 권한을 정하고 주지함

EnMS와 관련한 책임 및 권한을 정하고 조직 내부의 구성원들에게 주지시킨다. EnMS의 성공을 위해서는 조직 구성원 대부분이 참가하는 것이 바람직하므로 각 계층, 각 부문에 책임과 권한을 할당하여 주인의식을 부여하는 것이 좋다.

⑦ EnMS의 운전 관리를 위해 필요한 기준 및 방법의 결정

EnMS의 각 요소별로 기준 및 방법(절차)을 정해야 하는데 이는 관리 책임자에게 일임하고 있다.

⑧ 조직의 전 계층을 아우르는 에너지 방침 및 목표 인식

에너지 방침은 EnMS에 대해 최고경영자가 책정한 조직의 전체적인 의도 및 방향성으로, EnMS의 구축, 운영, 유지, 지속적인 개선을 위해서는 조직 전체가 에너지 방침과 그것을 세분화한 목표를 이해해 두어야 한다.

5) 에너지 방침

에너지 방침은 「최고경영자가 공식적으로 표명한 에너지 성과와 관련된 조직의 전반적인 의도와 방향성에 대한 조직의 성명」이다. 또한 에너지 방침은 에너지 목표나 에너지 세부목표를 설정하기 위한 틀을 제공하기도 한다. 에너지 방침의 필요사항은 다음과 같다.

① 조직의 에너지 이용 및 사용량의 성질과 규모에 적절할 것

② 에너지 성과의 지속적 개선에 대한 의지를 포함하고 있을 것

③ 목표 및 세부목표를 달성하기 위한 틀과 정보를 제공하고, 필요한 자원을 제공할 것

④ 조직의 에너지 이용 및 사용량 등에 비추어 적용되는 법적 요구사항 준수와 조직이 자율적으로 준수하기로 결정한 기타 요구사항 준수에 대한 의지

⑤ 에너지 효율이 높은 제품과 서비스를 구매하고 기기를 신설, 증설, 교환할 경우에 에너지 성과를 개선할 수 있는 설계를 지원할 것

⑥ 문서화하여 조직 내부에 주지시킬 것

⑦ 정기적으로 검토하고 필요에 따라 갱신할 것

항목 ②를 보면, 에너지 성과의 지속적인 개선에 대한 의지를 요구하고 있다. 여기서 ISO 50001이 성과를 지향하고 있다는 점을 엿볼 수 있다. ④의 법적 요구사항의 준수는 조직이 자율적으로 선택한 요구사항, 그 밖의 다른 국제 표준이나 국내 표준, 조직 자체 기준을 세세하게 조사한 다음 선정하여 준수하는 것을 의미한다.

⑤에서는 조직이 구매하는 물품이나 기기를 설계할 때, 에너지 효율을 고려하도록 정하고 있다. 만약 조직이 제조업을 영위하는 경우라면 조직이 제조하는 제품의 에너지 효율이 에너지 성과인지의 여부가 문제가 된다. ISO 50001의 적용 범위에 「조직이 모니터링하여 영향을 미칠 수 있는 변수일 것」이라고 기술되어 있으므로 조직이 제조하는 제품의 성능은 ISO 50001의 적용 범위에서 제외된다. ⑥과 관련하여 조직 내부의 이해를 촉진하기 위해 간결하게 에너지 방침을 정하는 것도 부속서 A는 인정하고 있다. ⑦의 경우 기한을 정하고 있지는 않지만 경영 검토를 통해 에너지 방침을 검토하도록 되어 있다.

6) Plan(계획)의 요점

에너지 검토, 중요에너지 이용, 베이스라인의 설정, 에너지 목표 및 세부목표, 에너지 경영 실행 계획의 요점을 살펴본다.

에너지 검토는 조직의 에너지 사용 현황을 분석하여 에너지 성과를 결정하고 그것을 개선할 방법이나 기회를 도출하는 일이다. 에너지 검토를 통해 발견한 중요에너지 이용은 에너지 목표 및 세부목표를 설정할 때 고려된다. 이와 같은 중요에너지 이용에 영향을 미치는 요인이나 관련 에너지 성과는 모니터링의 대상이 되는 ISO 50001에서 중요한 개념이다. 에너지 검토를 구축하기 위한 기준이나 방법은 문서로 기록해야 한다. 에너지 검토의 갱신은 정기적으로 이루어져야 하며, 설비 등을 대대적으로 변경했을 때에도 갱신해야 한다. 에너지 검토를 통해 중요에너지 이용을 발견하는 절차는 다음과 같다.

① 측정 등을 통해 과거부터 현재까지의 에너지 이용 및 사용량을 평가한다.

② ①의 결과를 바탕으로 ③~⑤를 통해 중요에너지 이용 영역을 찾아낸다.

③ 에너지 이용 및 사용량에 뚜렷하게 영향을 미치는 설비나 프로세스, 구성원 등과 같은 요인을 찾아낸다.

④ 찾아낸 중요에너지 이용과 관련하여 설비 등의 에너지 성과를 결정한다.

⑤ 장래 에너지 이용 및 사용량을 예측한다.

⑥ 에너지 성과를 개선하기 위한 기회를 찾는다.

에너지 베이스라인은 「에너지 성과의 비교를 위해 설정된 정량적 기준」으로, 에너지 성과를 개선하고 있는지의 여부를 평가하기 위한 참고치이다. 구체적으로 첫 회의 에너지 검토의 결과를 이용하면 된다. 하지만 설비의 신설이나 개조, 외적 요인 등으로 인해 베이스라인이 비교 대상으로서의 적절성을 상실했을 경우에는 베이스라인을 조정한다.

베이스라인은 미리 정해둔 방법으로 갱신할 수도 있다. 예를 들어 성에너지법은 중장기적인 에너지 원단위의 개선을 규정하고 있는데 시간의 경과와 함께 베이스라인도 바뀌는 경우가 이에 해당한다.

앞에서도 설명한 바와 같이 에너지 목표는 에너지 방침과 다르지 않도록 설정한 특정 도달점을 나타낸 것으로, 에너지 방침을 정성적으로 세분화한 것이다. 에너지 목표 및 세부목표는 조직 내부에서 관련 부문을 설정해야 한다. 에너지 목표 및 세부목표의 문서화도 필수이며, 달성 기한도 설정해야 한다.

에너지 목표 및 세부목표를 설정할 때는 「법규 및 그 밖의 요구사항, 중요에너지 이용, 에너지 검토로 찾아낸 에너지 성과 개선 기회를 고려해야 한다」라고 규정하고 있다.

실행 계획은 「에너지 목표 및 세부 목표를 달성하기 위해 책정하는 것」으로 이른바 액션 플랜이라 할 수 있다. 여기에는 실행 계획과 관련한 구성원의 책임 할당, 세부목표 달성을 위한 수단과 일정, 에너지 성과 개선을 검토하기 위한 방법, 결과를 검증하기 위한 방법도 포함되어야 한다.

세부목표 달성을 위한 수단과 일정은 실행 계획의 목표를 설정하기 위한 방책에 대해 시간 스케줄을 포함한 형식으로 기술한다. 에너지 성과 개선을 검증하기 위한 방법으로 해당하는 에너지 성과지표의 모니터링·측정·기록·비교 방법을 사전에 정해 두어야 한다.

결과 검증 방법은 실행 계획의 결과를 검증하는 방법으로, 에너지 성과의 개선 평가와 실행 계획에 포함되는 목표 달성을 위한 수단 중 결과에 영향을 미치는 수단의 결과를 사전에 정한 시점에 기록하고, 사후에 검증할 수 있도록 해 두는 것이 바람직하다.

7) Do(실행)의 요점

‘실행 및 운영’에서 전제되어야 할 것은 전 단계인 계획의 프로세스에서 책정한 실행 계획이나 에너지 목표 및 세부 목표, 에너지 베이스라인, EnPIs, 조직이 준수해야 할 법적 요구사항, 기타 요구사항 등에 근거해야 한다는 점이다.

‘적격성, 교육 훈련 및 인식’에서는 중요에너지 이용과 관련된 구성원이 지금까지의 교육과 사내 교육 훈련 등에 근거하여 적격성을 갖춰야 한다. 이를 위해 중요에너지 이용의 관리나 EnMS와 관련한 교육 훈련의 수요를 명확히 밝혀 교육 훈련을 제공하거나 다른 형태를 이용하여 구성원의 적격성을 확보해야 한다.

위의 내용은 중요에너지 이용과 관련한 구성원에 대한 요구사항을 서술한 것이다. 조직의 전 구성원에 대해서 에너지 방침, EnMS 요구사항에 대한 적합의 중요성, 요구사항 달성을 위한 책임·권한·역할, 에너지 성과를 개선할 때의 이점, 자발적 활동이 에너지 이용 및 에너지 사용량, 에너지 목표 및 세부목표에 미치는 영향, 정해진 절차에서 일탈했을 경우 예상되는 결과에 대한 인식을 요구하고 있다.

‘의사소통’은 내부 의사소통과 외부 의사소통으로 나눌

수 있다. 경영시스템의 구축은 관리 책임자나 에너지경영팀이 주도한다고 생각하기 쉽지만 시스템의 개선점은 하루하루의 운영에서 발생한다. 따라서 조직의 전 구성원으로부터 EnMS에 대한 의견이나 개선점을 수렴하는 프로세스를 구축해야 한다. 외부 의사소통의 경우에는 조직의 재량으로 실시할 지의 여부를 결정하고 그 결정을 문서화해 둔다. 외부와 의사소통을 실시할 경우에는 목적, 대상, 방법, 의사소통 범위 등을 검토하는 것이 바람직하다.

'문서화 조항'에서는 문서화가 필요한 것으로 「EnMS의 적용범위 및 경계, 에너지 방침, 에너지 목표 및 세부목표, 실행 계획, 표준에서 요구하는 기록을 포함한 문서, 조직이 필요하다고 결정한 기타 문서」를 규정하고 있다. 이밖에 ISO 50001의 다른 조항에서는 EnMS 자체의 에너지 기획 프로세스, 에너지 검토를 위한 방법론 및 기준, 외부 의사소통 실시 결정, 에너지 구매 사양(해당 시), 내부 심사 프로세스에 대해 문서화를 규정하고 있다. 문서 관리의 경우에는 ISO 14001과 동일하며 특별한 요구사항은 없다.

'운전 관리'에서는 에너지 검토를 통해 결정된 중요에너지 이용에 대한 효과적인 운전 및 보수를 위한 기준이 없다.

그렇기 때문에 에너지 성과가 정상적인 상태에서 벗어난 경우에 그 기준을 설정해야 한다. 이는 조직의 중요에너지 이용과 연관된 에너지 성과가 큰 폭으로 떨어지면 에너지 목표 및 세부목표 달성에 막대한 영향을 미칠 수 있기 때문이다. 운영 시 발생하는 예측 못한 사태나 긴급 사태에 대비한 대응 방법을 결정하면서 에너지 성과를 평가할 것을 장려하고 있다.

'설계'에서는 에너지 성과에 중대한 영향을 미치는 설비 등의 신설이나 개조를 추진할 경우에 에너지 성과의 개선 기회와 운전 관리를 고려하도록 정하고 있다. 이러한 설계 활동의 결과 및 영향의 중대 유무와 상관 없이 그 평가 결과를 기록하여 남겨둘 필요가 있다. 설비의 신설과 개조는 에너지 성과를 개선할 수 있는 기회라고도 할 수 있다. 에너지 성과의 개선이 필요하다고 평가한 경우에는 관련 프로젝트 시방서와 설계 및 구매 활동에서의 평가 결과를 고려하여 에너지 성과의 개선을 실현할 수 있도록 관리해야 한다.

'에너지 서비스, 제품, 장비 및 에너지 구매'의 조항은 ISO 50001의 특징 중 하나이다. 가스, 석유 제품, 전력, 에너지 관련 기기 등 외부 조달이 많으므로 구매 시에도 에너지 성과를 고려해야 한다. 조직은 중요에너지 이용에 영향을 미칠 가능성이 있는 에너지 서비스나 장비 등을 조달할 경우, 에너지 성과를 평가의 한 항목으로 고려하고 있다는 사실을 공급자에게 전달해야만 한다. 또한 이 경우에는 계획하거나 상정한 운영 기간에 걸친 에너지 이용과 사용량, 효율을 평가하는 기준을 설정하여 평가를 실시하도록 정하고 있다. 따라서 구매 서비스나 장비의 에너지 이용 및 사용량, 효율에 대한 기준을 작성하여 이 기준을 충족하는지의 여부를 평가하면 된다. 여기서는 구매 시점의 성능을 평가하는 것이 아니라 계획하거나 상정한 운영 기간에 걸쳐 평가한다는 점이 중요하다.

기준의 평가 단계는 충족하는지 충족하지 않는지의 두 단계와 두 단계 이상의 단계가 있는 경우도 있다. 또한 전기나 가스를 이용하는 경우처럼 공급 약정을 맺은 경우에는 적용되지 않는다. 그렇지 않은 경우에는 에너지 서비스나 장비를 구입할 때 에너지 구매 사양을 규정하여 문서화해야 한다. 서비스나 장비를 구입할 때에는 서로가 합의한 사양에 근거하므로 문서화를 위한 추가 작업은 많지 않을 것으로 사료된다.

8) Check(점검)의 요점

'모니터링, 측정 및 분석'의 조항에서는 「EnMS의 필요한 데이터를 정기적으로 모니터링·측정, 분석, 기록해야 한다」고 규정하고 있다. 구체적으로 검토를 통해 결정된 중요에너지 이용 및 에너지 검토의 기타 출력, 중요에너지 이용과 관련된 변수, EnPIs, 에너지 목표 및 세부목표를 달성하기 위한 실행 계획의 유효성, 예상 대비 실제 에너지 사용량의 평가에 대해 모니터링을 실시해야 한다. 중요에너지 이용이나 이와 관련한 변수를 모니터링하고 측정하는 데는 단순

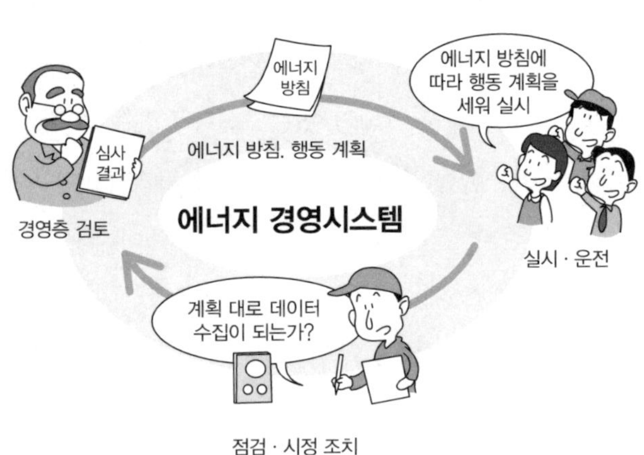

한 측정 기기 값의 기록에서부터 복수의 측정 결과를 분석·피드백·경고의 기능을 갖춘 통합 소프트웨어까지 다양한 방법을 생각해 볼 수 있다. 이것 역시 조직의 규모나 중요에너지 이용의 특성을 고려하여 선택하면 된다.

'측정'은 정밀도와 재현성을 갖춰야 하지만 이것들도 조직의 통상적인 활동에 필요한 것이므로 큰 부담으로 작용하지는 않을 것이다. 또한 측정은 정기적으로 검토해야 하는데, 이는 측정이 지속적인 개선 기회의 발견으로 이어지기 때문이다. 또한 모니터링, 측정 시 에너지 성과의 현저한 일탈이 있는 경우에는 대응이 필요하다고 규정하고 있다. 이는 EnMS의 PDCA와 에너지 성과의 PDCA라는 두 가지 PDCA 사이클을 갖춘 ISO 50001의 특징을 잘 보여주고 있다.

'법규 요구사항의 준수 평가'에서는 계획에서 정한 에너지 이용 및 사용량과 관련한 법규 요구사항과 조직이 동의한 요구사항을 준수했는지 평가하고, 기록하도록 규정하고 있다.

'경영시스템'은 사전에 정해 놓은 주기로 내부 심사(제1자 심사)를 실시해야 한다. 표준 요구사항에 적합한지 여부뿐만 아니라 설정한 에너지 목표 및 세부목표에 적합한지의 여부에 대해서도 심사해야 한다.

또한 에너지 성과 개선에 대한 내용도 규정하고 있다. 내부 심사의 기간은 통상 1년 정도가 가장 일반적이지만 조직의 성격이나 경영시스템의 성숙도 등에 따라 기간을 결정하면 된다. 경영 검토의 조항에서도 기재되어 있듯이 내부 심사의 결과는 최고경영자에게 보고해야 한다.

'부적합에 대한 시정 조치 및 예방 조치'는 ISO 14001의 요구사항과 동일하다. 여기서 부적합이란 요구사항을 충족하지 못한 상태를 가리킨다. 이 조항에서 요구사항은 부적합이나 잠재적 부적합을 검토하고 그 원인을 찾아내 필요한 조치를 결정하고 실행하여 유효성을 검토하는 단계를 거친다. 부적합이나 잠재적 부적합에 대한 대응 역시 에너지 성과에 미치는 영향을 고려하여 실시하도록 규정하고 있다. 이 요구사항도 ISO 50001이 에너지 성과를 중시하는 표준임을 잘 보여주고 있는데, 에너지 성과에 중대한 영향을 미쳤거나 잠재적으로 영향을 미치는 경우에는 그에 맞는 대응을 해야 한다.

요구사항 중에는 '기록'을 규정하고 있는 조항이 있다. 여기서 기록은 「측정이나 활동에 대한 증거를 제공하는 것」

을 말한다. ISO 50001에서는 EnMS와 ISO 50001의 요구 사항을 충족하고 있으며 이에 더해 에너지 성과를 보여주기 위해 기록을 작성하고 유지하도록 규정하고 있다. 기록의 경우 식별하거나 검색할 수 있도록 그 관리 방법을 정해야 하며 가독성 등도 고려해야 한다. 기록은 종이뿐만 아니라 전자 문서도 가능하다.

9) Act(조치)의 요점

Act(조치)에 해당하는 것이 바로 '경영 검토'이다. 경영 검토는 조직의 EnMS가 적절하게 운영되고 있는지를 판단하기 위해 최고경영자가 계획, 실행, 점검의 각 과정의 결과를 사전에 정해 놓은 주기로 검토하여 EnMS의 개선점을 출력하는 과정이다.

경영 검토 입력사항에는 이전에 실시한 경영 검토의 결과에 대한 팔로우업 활동의 결과, 에너지 방침의 검토, 에너지 성과 및 관련 EnPIs의 검토, 법적 요구사항에 대한 준수 평가, 법적 요구사항 및 조직이 동의한 기타 요구사항의 변경 내용, 에너지 목표 및 세부목표의 달성 정도, 내부심사 결과, 시정 조치 및 예방 조치의 현황, 다음 시기를 위해 계획한 에너지 성과, 개선을 위한 제안이 포함된다.

경영 검토 출력은 입력을 종합적으로 평가하여 조직의 에너지 성과, EnPIs, 에너지 방침, 목표 및 세부목표, EnMS의 다른 요소, 자원 배분에 관한 변동 사항을 포함한다.

경영 검토 입력은 관리 책임자나 현장의 정보를 이용하는 경우가 많다. 경영 검토에서 주의해야 할 것은 최고경영자가 직접 검토하여 필요하다고 판단할 때에 EnMS 변동을 고려한 출력을 내놓아야 한다는 것이다.

ISO 50001 활용을 위한 10가지 힌트

4

에너지 경영의 한 방법인 ISO 50001의 활용이라는 관점에서 EnMS 구축을 위한 힌트를 항목별로 설명하겠다. 다음의 각 항목과 관련하여 앞에서 설명한 성에너지법도 구체적인 실행과 관련한 아이디어를 포함하고 있다. 그에 대한 상세한 언급은 하지 않고 일반론적인 활용 힌트를 설명하겠다.

PDCA 사이클이라는 개념은 일본에서 주창된 것은 아니지만, 일본의 개선 방식의 근간을 이루는 것으로 세계에 널리 보급되었다. PDCA는 전 세계에 보급되면서 EnMS뿐만 아니라 경영시스템 전반에 도입되고 있다. 또한 ISO 50001과 관계 없는 실제 에너지 관리 과정에서도 PDCA의 개념을 발견할 수 있다.

이처럼 PDCA 자체는 ISO 50001을 기준으로 삼을 필요는 없다. ISO 50001도 단지 PDCA를 주창하는 게 아니라 에너지 경영의 PDCA를 구체적으로 구축할 것을 상정하여 전개하고 있다.

ISO 50001에서의 PDCA는 계획을 중심으로 한 PDCA라고 할 수 있다. 일상 관리에서의 PDCA도 필요하지만 그것만으로는 에너지 경영에 미흡하다. 에너지 이용의 감축 계획, 에너지 성과 개선 계획을 구축하는 계획 부분이 중요하다. 계획 중심이라고 해서 머릿속에서만 목표를 작성하는 게 아니라 사실 파악, 실태 분석에 기초하여 개선을 위한 목표를 설정하고 계획을 실행하는 프로세스를 기본으로 해야 한다.

에너지 경영의 PDCA에서 계획이 중요한 이유 중 하나는 에너지라는 양적인 물질을 취급하기 때문이다. 이렇게 양적 물질을 취급한다는 점에서는 원가 관리와 유사하다. 원가 관리에서는 원가 요소를 분석하여 개선 방법의 이미지를 어느 정도 그린 다음 개선 목표를 설정해야 하는데, 이 부분은 에너지 관리의 개선에서도 동일하다.

그렇다고 '에너지 관리=원가 관리'라는 등식이 성립하지는 않는다. 원가 절약은 에너지 관리의 중요한 효과 중 하나이긴 하지만 비용 절약 면에 근시안적으로 편중할 경우 충분한 에너지 관리의 성과를 얻을 수 없다. 또한 에너지 관리는 온실가스 배출량 삭감 등의 효과도 가져올 수 있다.

힌트 2 **관련 인자를 분석하여 에너지 성과의 전제가 되는 상황을 파악한다**

에너지 성과를 이해하기 위해서는 관련 인자에 대한 생각을 정리해 두어야 한다. 성에너지법이나 ISO 50001은 이 점에 대해 명확하게 기술하고 있지는 않다. 유연성 있는 임의 표준인 EnMS를 활용한다는 관점으로 에너지 성과를 적절하게 파악하여 에너지 방침, 에너지 기획, 진행 프로세스를 조직의 상황에 맞게 설계하기 위해 관련 인자의 분석이 필요하다.

① 재무

재무는 설비 개량이 가능할 경우 그에 투자할 자금을 보유하고 있는지의 여부를 말한다. 재무적 제약이 강한 경우에는 비용이 발생하지 않는 방법을 중심으로 성에너지를 추진할 수 있다. 또 정부의 성에너지 투자지원 제도, 성에너지에 관한 대출우대 제도, ESCO 사업의 이용 등도 고려하는 것이 좋다.

② 자원 조달

일반적으로 성에너지는 자원 조달의 필요량을 줄이는 것이므로 자원 조달에 유리하다. 하지만 에너지를 절약하기 위해 중유에서 가스로 전환하고 싶다고 하더라도 가스를 조달하지 못하는 제약에 직면할 수 있다. 대기업의 경우 조달이 비교적 자유롭지만 중소기업은 제약을 받는 경우가 있어 통상적으로 제약을 받는다는 것을 전제로 해야 한다.

③ 비용

성에너지는 비용상 유리한 점이 많아 투자 비용을 제외하고
는 제약으로 생각할 필요는 없다.

④ 환경

환경 개선 기기의 설치는 에너지 사용의 증대로 이어지지만
필요하다면 설치해야 한다. 하지만 환경 개선이나 유지를 위
해 무턱대고 에너지 소비 장치를 설치하거나 사용하는 것은
적절하지 않으며 그 균형을 고려해야 한다. 작업 환경이나 생
활 환경의 측면에서 어느 정도의 쾌적함이 필요한지 충분히
생각해 두어야 한다.

한편 성에너지 활동은 환경에 긍정적으로 작용한다. 특히
온실가스 배출량을 줄이는 효과를 얻을 수 있다.

⑤ 생산

생산량은 에너지 사용량에 뚜렷한 영향을 미친다. 성에너지
에서는 에너지 사용량 자체보다 에너지 사용 효율을 문제시
하는 경우가 많다. 어느 쪽을 중시할 것인가는 조직의 방침에
따라 달라지지만 일반적으로 에너지 효율을 축으로 한 에너

지 사용량이 조달에 있어서나 사회적으로 큰 영향을 미친다.

참고로 에너지 사용 효율의 경우에는 다른 조직과의 비교와 이론치와의 비교가 중요하다.

⑥ 품질

제품이나 서비스 품질과 에너지 이용의 관계를 잘 파악해야 한다. 제품 품질과 에너지 이용의 관계에서는 기본적으로 품질을 떨어뜨리지 않는 범위 내에서 에너지 이용의 감축을 실행해야 한다. 엄밀히 말하면 품질에 영향을 미치는 경우라도 그 영향이 적고 허용할 수 있는 범위라면 에너지 이용의 감축을 우선하는 경우가 많다. 또한 에너지 이용이 품질에 미치는 영향을 줄이기 위해 기술 개발, 설비 개량 등을 추진하는 것도 한 방법이다.

예를 들어 서비스 품질을 고려할 경우, 하절기에 점포 내 온도는 과도하게 낮게 설정하지 않는 것이 좋다. 조직의 방침을 고객에게 호소함으로써 만족도를 제고하는 것도 중요하다.

실행 방법은 실행 과정에서 자세하게 살펴보면 된다. 관련 인자에 대해 분석할 때는 에너지 이용이 어떤 인자의 영향을 받고 있는지를 정리해 두어야 한다.

🔆 **힌트 3** 에너지 경영 체제를 구축한다

에너지 경영은 조직이 전사적으로 추진하는 것인 만큼 추진체제가 필요하다. 적절한 추진 체제가 없으면 효과적으로 에너지 경영을 실행할 수 없다.

추진 체제를 구축하기 위해서 책임자를 누구로 선정할 것인가, 책임자에게 어떤 역할과 권한을 부여할 것인가가 중요하다. 이것은 앞에서 설명한 것과 같이 성에너지법과 ISO 50001 모두에 규정이 있으므로 이를 참고하여 구축하면 된다. 성에너지법에서는 법률로 책임자를 명시하고 있으므로 대상 조직은 성에너지법의 조건을 충족시켜야 한다. ISO 50001은 책임자가 부담해야 할 책임 항목을 개별적으로 열거하고 있다는 특징이 있다. 또한 성에너지법에서는 복수의 선임자가 필요하지만 ISO 50001에서는 책임자가 복수라도 무방하다고 규정하고 있다는 것에 주의해야 한다. 에너지 경영의 항목에 대한 책임을 한 사람에게 집중시키는 것은 비현실적이므로 적절하게 할당해야 한다. 단, 소규모 조직의 경우는 조직에 맞는 체제를 구축해야 하기 때문에 한 명의 책임자를 정하고 경영층이 책임자를 지원하는 체제도 충분히 생각해 볼 수 있다.

규모가 큰 조직에서 체제를 구축할 때는 Top-down과 Bottom-up 쌍방향의 정보 흐름이 균형적으로 이루어져야 한다. 또한 이것을 강화하기 위한 적절한 회의체를 설치해야 한다. 이는 계획 프로세스의 목표와 현재 실정의 정합성 확보, 계획 프로세스와 실행 프로세스의 정합성 등 에너지 경영의 효과를 올리기 위한 기본 조건과 관련된 것이다.

💡 힌트 4 임의 표준이라는 특징을 활용하여 에너지 방침을 작성한다

ISO 50001이 유연성 있는 임의 표준이라는 점을 살려 이용하는 것이 중요하다. ISO 50001의 규정은 단지 개념적인 것만이 아니므로 실제 실행에 있어 규정한 항목을 부합시켜 나가는 조정이 필요하다. 기본적으로는 조직에 맞는 에너지 경영을 구축하고, 이를 구체적인 규정에 부합시킴으로써 시스템에 명확성을 부여해 나가야 한다. 이를 통해 확실하게 조직의 규모나 상황에 맞는 EnMS를 구축할 수 있다.

조직에는 조직만의 고유의 상황이 존재한다. 따라서 구체적으로 관련 인자를 분석할 때 정리한 제반 조건을 고려하여 기본적인 방침을 세워야 한다.

또 ISO 50001은 문장의 형태로 에너지 방침을 작성하도록 규정하고 있다. 이러한 문장 형태로 에너지 방침을 작성할 경우 조직 내부에서 공유하므로 기술은 간결해야 한다. ISO 50001의 규정에는 문장 형태의 에너지 방침에 대한 설명으로 '~을 실행한다'라고 선언해야 하는 항목을 몇 가지 두고 있으므로 그 조건을 만족시켜야 한다. 한편 '조직의 에너지 이용 및 사용량의 성질, 규모에 적절하다'라는 규정이 있어 규모, 상황에 맞는 방침의 필요성에 대해 규정하고 있음을 알 수 있다.

힌트5 **에너지 검토를 실시하고, 에너지 성과지표(EnPIs)를 결정한다**

조직의 에너지 이용을 구체적으로 분석하는 프로세스가 바로 에너지 검토다. 이러한 분석 프로세스는 에너지 진단으로 실시하는 경우가 많다. 에너지 진단은 직접 실시해도 되며 외부 전문가에 의뢰해도 된다. 외부에 의뢰하는 경우에는 우선 에너지 검토 내용을 직접 분석한 다음, 점검까지 생각해 두었다가 외부 전문가를 활용하는 것이 좋다. 이렇게 하는 이유는 에너지 검토의 기능이 스스로 에너지 이용을 분석하여 계획 프로세스를 위한 소재를 추출하는 데 있기 때문이다.

이렇게 분석을 한 후에 이 내용에 입각하여 EnPIs를 결정한다. EnPIs의 결정 시에는 에너지 검토뿐만 아니라 힌트 2의 기본적인 인식도 영향을 미친다. 예를 들어 힌트 2의 ⑤에서 서술한 것에 따른다면, EnPIs는 에너지 효율지표를 중심으로 조직의 방침에 따라 에너지 사용량을 추가하면 된다.

한편 제조 프로세스나 에너지 공급 기기 등의 경우에는 고유의 기술적 효율 지표가 존재하기도 한다. 에너지 경영은 조직 전체의 에너지 이용을 대상으로 하므로 고유의 기술적 효율 지표를 EnPIs로 삼을 필요는 없다. 조직 전체와의 관련성이 크고 조직이 그 개선이나 유지를 강하게 바라고 있다면 EnPIs 중 하나로 선택하는 것이 바람직하다.

▒ 힌트 6 ▒ 에너지 베이스라인, 에너지 목표 및 세부목표, 실행 계획을 작성한다

계획 작성의 마지막 단계로 에너지 베이스라인, 에너지 목표 및 세부목표, 실행 계획 등을 작성한다. ISO 50001은 이 단계에서 필요한 기본 요소에 대해 규정하고 있다.

이 중 목표는 '방침' 단계에서 큰 줄기가 만들어지기 때문에 이를 구체적으로 기술하면 된다. '베이스라인과 세부목표'의 경우에는 개별적으로 검토해야 한다는 의견도 있다. 하지만 베이스라인은 구체적인 목표치를 검토하는 것이 이해하기 쉬우므로 베이스라인과 세부목표를 동시에 검토하여 설정한다.

다음 단계로 '실행 계획'을 작성한다. 실행 가능한 프로그램을 자세하게 검토하여 실행 계획을 작성하는 것이 가장 이상적이지만 이는 비현실적이다. 개별 내용은 대략적으로 검토하고 실행 계획을 실천하는 단계에서 프로그램을 현실화해 나가는 것이 좋다.

목표를 설정하고 실행 계획을 작성한 후에 목표의 실현 불가능성을 깨닫는다면 목표를 수정해야 한다. 따라서 베이스라인, 목표 설정, 실행 계획의 작성은 항상 순서대로 이루어지지 않으며, 이들 프로세스 사이에서 피드백이 이루어져 계획 프로세스로 출력한다.

목표를 설정할 때는 어느 정도 도전적인 것도 좋다. 오히려 조직의 활동에 동기 부여를 한다는 점에서 이런 목표가 필요할 때도 있다. 단, 이러한 경우에는 결과를 달성하지 못할 수도 있으므로 결과 평가 프로세스에서 미달성을 부정적으로 받아들이거나 부적합하다는 판단에 의해 발생하는 혼란에 주의해야 한다.

'실행 계획'은 실행 및 평가 프로세스에서 조직이 공유하고 사용하는 것이므로 표 형식으로 알기 쉽게 작성한다.

🔆 `힌트7` 운전·보수의 기준과 구매 시의 평가 기준을 작성한다

먼저 운전 기준을 작성한다. 운전 기준은 조직의 상황에 따라 이미 정비된 경우와 아직 미흡한 경우가 있을 것이다. 전자라면 다시 작성하는 것이 비효율적이므로 이미 작성한 것을 활용한다.

또 구매에서는 상정한 운전 기간에 걸친 에너지 이용, 사용량 및 효율을 평가할 기준을 작성한다. 이 기준은 운전·보수 기준에 비해 상대적으로 정비한 조직이 적다.

구매 시 평가 기준의 요지는 시간적인 요인을 포함해 구매한 기기를 사용한 에너지 이용에 대해 수치적으로 평가하는 것이다. 운전 기간 동안의 효율 평가는 개별 기기의 조건에 영향을 받을 수 있지만, 기기 종류별로 효율의 변동을 기준화해 둘 필요는 없다. 효율 변동이 예상되는 경우에는 이를 반영한다는 사실을 확실하게 명시해 두는 것으로 충분하다. 해당 기간 동안 기기의 사용 빈도를 예측하는 것은 생산량과도 연관이 깊으므로 에너지 사용량 예측은 꼭 필요하다.

설계는 에너지 이용을 중요한 요소로 반영하면 되며, 그 점을 조직 내의 설계 가이드라인으로 설정해 두어도 효과적이다.

참고로 ISO 50001은 운전·설계·구매에 대해 기술하고 있지만 실행 계획의 개별 항목을 실시하는 프로세스에 대해서는 직접적으로 언급하고 있지 않다. 이는 각 항목별로 담당 책임자가 실시하면 된다고 판단하고 있기 때문이다. 실제로 프로세스는 그리 간단하지만은 않다. 그래서 실행 계획의 개별 항목 중 필요한 프로세스를 단계별로 구분하여 진척 사항을 관리하는 것이 바람직하다.

💡 힌트 8 결과를 파악하고, 평가하고, 분석한다

이 프로세스는 통상 프로젝트의 진척 상황을 평가하는 경우와 크게 다르지 않다. EnPIs의 상황, 관련 변수의 값, 에너지 사용량의 예상 대비 실적 등을 평가하면 된다. 또한 동시에 실행 계획의 진척 상황을 팔로우업할 필요가 있다.

측정 대상의 경우에는 EnPIs 및 관련 변수를 충분히 음미해야 한다. 큰 영향을 미치는 변수에 대해서는 최대한 직접적으로 실측한다.

에너지 성과에 이상이 발생한 경우에는 장치에 일정한 트러블이 발생했을 가능성도 있으므로 원인을 조사하여 대책을 강구하여 실시한다.

💡 힌트 9 준수 평가와 경영시스템으로서의 확인을 실시하고 종합적으로 성과를 평가한다

ISO 50001은 관련 법규의 준수 평가 프로세스와 경영시스템으로서 효과적으로 운영되고 있는지를 확인하는 프로세스를 규정하고 있다. 후자에는 내부 심사, 시정 조치 및 예방 조치, 경영 검토 등의 틀이 있는데, 중요한 점은 에너지 경영의 기능을 효과적으로 발휘시키기 위해 실질적인 확인을 중심으로 하고 있다는 점이다.

또한 확인 프로세스에 더해 성과를 종합적으로 평가하는 일도 염두에 두어야 한다. 종합적 평가는 규정으로 정해놓은 직접적인 요구사항은 아니지만 실질적인 효과를 발휘하기 위해서 꼭 필요한 개념이다. 이러한 종합적 평가는 경우에 따라 기본적인 방침의 수정으로 이어지기도 한다.

힌트 10 인재를 육성한다

에너지 경영에서는 계획이 중요하다. 에너지경영시스템의 설계, 계획, 운영, 확인 평가 등을 직접 실행하거나 객관적으로 이를 평가할 수 있으며 두 가지를 모두 할 수 있는 인재가 필요하다. 에너지 경영을 통해 실질적인 성과를 낼 수 있는지 여부는 최종적으로 인재에 달려 있다. 성에너지법에서는 자격 제도로 에너지 관리사를 규정하고 있다. 에너지 경영을 촉진하는 데 적합한 인재를 확보하고 육성하는 동시에 핵심 인재에게 업무 책임·권한을 부여하는 등 적극적으로 인재를 육성해야 한다.

제3자에 대한 보증

5

ISO 50001에 대한 주요 관심사 중 하나는 'ISO 50001의 제3자 인증을 취득하면 어떤 이점이 있는가'라는 점이다. ISO 50001을 도입하여 EnMS를 구축한 조직이 제3자에게 그 효과를 보증하는 것에 대한 의의와 인증제도를 포함한 보증 수단에 대해 살펴보겠다.

경영시스템의 보증은 TOEIC, 한자검정 등과 같은 이른바 검정제도를 비교해 보면 이해하기 쉽다. 검정시험을 치르는 목적은 크게 두 가지로 볼 수 있다. 하나는 검정시험의 점수와 등급을 통한 '자기 실력의 확인'이다. 시험에 따라서는 과목별 점수나 평균점, 편차치 등 총체적인 피드백도 받을 수 있어 자신의 강점과 약점을 파악할 수 있다.

검정시험의 또 다른 목적은 '다른 사람에 대한 자신의 실력 공개(보증)'이다. 취업 활동 시 학생이 자신의 능력을 PR할 때 사용하거나 채용기업에서는 평가의 판단 기준으로 삼는다. 기업 내에서 사원들의 능력을 측정할 때 객관적인 평가 수단으로 어학 등의 검정시험을 이용하는 예는 많다. 따라서 어학검정시험을 치를 때는 자신이 이 두 가지 중 어느 목적 때문에 시험을 치르는지 아는 것이 중요하다. 만약 실력 공개가 목적이라면 '누구에게, 자신의 어떤 능력을 PR하고 싶은지'를 명확히 해 둘 필요가 있다. 이 점은 경영 시스템의 보증에서도 마찬가지로 '조직 자신에 대한 점검'이라는 측면과 다른 사람에 대한 보증이라는 두 가지 측면에 대해 목적이나 대상을 명확히 하는 것이 중요하다.

5.1 ISO 50001 인증제도로 무엇을 확인할 수 있는가

EnMS는 QMS나 EMS에 비해 경영의 출력이 조직의 활동과 직결된다. 조직이 제3자에게 보증하기에 앞서 조직의 인증제도 등 보증 수단을 이용하여 무엇을 보증할 것인가를 확인해 두는 것은 의미가 있다.

 조직이 ISO 50001을 도입하여 EnMS를 구축·운영하는 것은 조직의 목적·기능을 수행하기 위한 활동에 사용하는 에너지와 관련된 성과를 지속적으로 개선하기 위해서이다. 이를 위해 에너지 검토를 비롯한 경영 활동을 통해 조직의 에너지 이용 현황과 문제점을 '가시화'하고, 사내에서 에너지 이용에 관한 과제를 설정, 공유하여 성에너지와 에너지 효율 향상에 대한 인식을 조성함은 물론, 에너지 성과 개선을 위해 PDCA 사이클의 틀을 조직 내에 구축한다. 따라서 제3자에 의한 심사나 인증의 첫 번째 의의는 조직에서 EnMS가 조직의 규모나 성질에 대해 적절하게 구축되었는지, 잘 운영되고 있는지 알고 거기에 문제점이 있다면 그것을 객관적으로 확인하는 것이다. 어학검정시험과의 가장 큰 차이점은 어학검정시험은 개인의 실력을 측정하는 것이지만 조직 차원의 EnMS 완성도를 측정하는 심사·인증은 그 목적이나 결과를 EnMS 사무국 담당부서만이 아니라 조직 전체가 공유해야 한다는 것이다. 따라서 EnMS 자체에도 그 활동과 관련하여 조직 내의 의사소통을 촉진하는 틀을 마련해야 하며, 이와 함께 외부의 EnMS에 대한 평가를 조직 내에서 공유하는 틀을 구축해야 한다.

5.2 ISO 50001로 누구에게 무엇을 보증할 것인가

제3자에 대해 ISO 50001에 근거한 EnMS 활동과 관련 보증을 실시할 경우, QMS나 제품 표준과 비교해 보증하는 상대방의 특징을 알아두어야 한다. QMS나 제품 표준을 통해 조직이 보증하는 상대방은 조직이 본래의 사업으로 제품이나 서비스를 제공하는 '고객(시장)'이다. 또한 보증하는 내용은 제공 제품이나 서비스의 품질, 성능에 관한 표준 적합성이다. 이에 비해 EMS의 경우, 조직의 활동 결과로 발생한 환경 부하의 영향을 받는 것은 조직의 활동 범위에 존재하는 지역이나 사회 전체이다. 반드시 조직 본래의 고객(시장)과 일치하지는 않는다. EMS 표준의 적합성을 보증하는 상대(=이해관계자)가 다르다. EnMS의 경우에는 에너지 비용 절약을 통해 고객에게 제공되는 가격(고객의 편익을 고객이 지불하는 비용으로 나눈 비용 대 효과)이 개선되었다면 고객(시장)도 표준의 적합성을 보증하는 상대가 될 수 있다. 하지만 이미 성에너지가 진전되어 에너지 비용 절약에 대한 여지가 적은 경우에는 EMS와 마찬가지로 조직의 활동을 통한 에너지 이용의 결과에 직면하는 제3자가 EnMS의 성과를 보증하는 상대가 된다. 〈그림 2-13〉은 그 관계를 나타낸 것이다. 각 분야의 경영시스템을 직접적으로 보증하는 것에 추가하여 '기업의 사회적 책임에 대해 선도적으로 힘쓰고 있는 자세를 제시하는 것'도 제3자 보증의 목적일 수 있다.

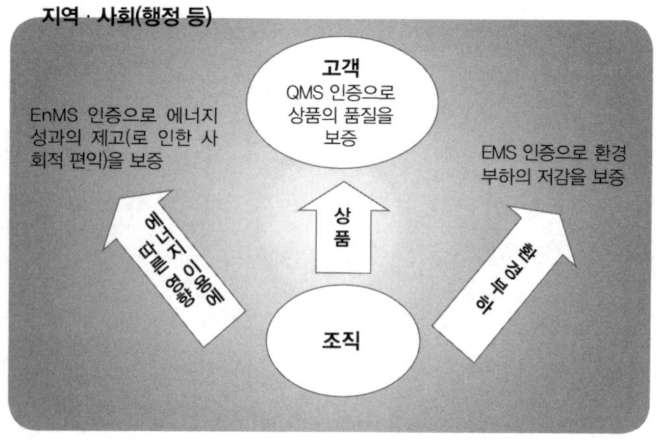

〈그림 2-13〉 인증에 의한 보증

5.3 제3자 보증 수단

　제3자에게 조직의 EnMS 표준의 적합성이나 성과를 보증하는 수단에 대해 살펴보겠다. 일반적으로 경영시스템의 표준 적합성을 보증하는 수단은 경영시스템이 표준에 적합한지를 심사, 판정하는 사람에 따라 다음의 세 종류로 나눌 수 있다.

　우선 조직 내부의 심사원이 조직의 경영시스템에 대한 표준 적합성을 심사한 다음 적합한 것을 외부에 보증하는 것이 제1자 심사(내부 심사)이다.

　이 결과를 제3자에게 전달하는 수단이 바로 환경보고서의 기재 등을 통한 자기선언이다. 다음으로 거래처 등 경영시스템이 대상으로 하는 직접적인 이해관계자가 실시하는 표준적합성 심사가 제2자 심사이다. 이것은 보증하는 상대와 심사를 실시하는 주체가 일치한다. 그리고 제3자 기관이 표준적합성에 대한 심사를 실시하여 인증하는 행위가 제3자 심사(인증)이다. 이는 가장 객관적인 보증 수단이라고 말할 수 있다.

　일반적인 경영시스템 표준의 제3자 인증제도를 나타낸 것

은 〈그림2-14〉와 같다. 인정기관은 한 나라에 한 기관으로
정해져 있으며, 일본의 인정기관은 (공재公財) 일본적합성인
정협회(JAB)가 있다. JAB는 인증기관(심사등록기관)에 대해 대
상이 되는 경영시스템 표준별로 인증기관의 시스템 표준인
ISO/IEC 1702에 적합한지의 여부를 심사한다. 인증기관은
조직(공장, 회사 등)의 경영시스템이 표준 요구사항에 적합한지
를 심사하고 등록증을 발행하며 정보를 공개한다. 현재 일
본에서는 60개 이상의 인증기관이 활동 중이다.

실제로 심사를 수행하는 것은 인증기관에 소속되어 있

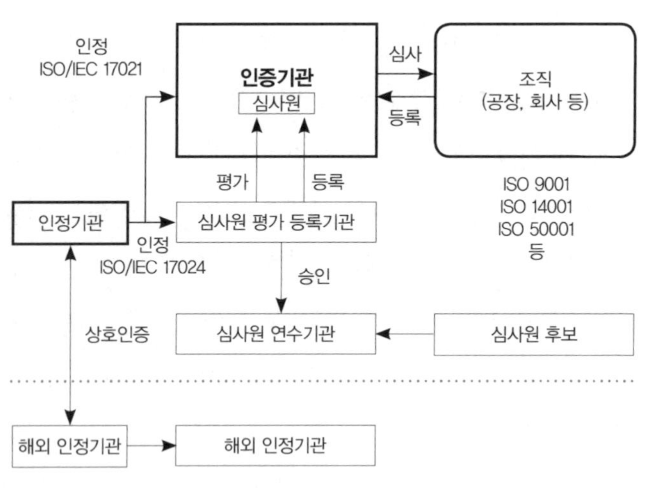

〈그림 2-14〉 경영시스템 표준의 제3자 인증제도

는 심사원이다. 심사원 평가 등록기관은 이들에 대해 경영시스템 표준별로 심사원으로서의 적격성을 평가하여 등록하고 있다. 심사원 평가 등록기관은 경영시스템 표준별로 JAB로부터 ISO/IEC 17024에 근거로 인증을 받은 기관으로, ISO 9001의 경우에는 (재財)일본규격협회 경영시스템심사원평가등록센터(JRCA)가, ISO 14001의 경우에는 (사社)산업환경관리협회 환경경영시스템 심사원 평가 등록센터(CEAR)가 업무를 맡고 있다. ISO 50001의 경우에는 (재財)성에너지센터가 2011년 5월에 EnMS 심사원 평가 등록센터(CEMSAR)를 개설하였다. 또 인증기관의 인증에 대해서는 기존 경영시스템 표준에 이용되었던 ISO/IEC 1702 뿐만 아니라 성과 검증을 보다 중시하는 ISO 14065를 적용해야 한다는 목소리도 나오고 있다.

5.4 제3자 인증- 취득해야 할까, 취득하지 말아야 할까

ISO 50001의 사용 기업이라면 분명 '제3자 인증을 취득하는 이점(비용 대 효과)이 과연 있을까'에 큰 관심을 가지고 있을 것이다.

ISO 50001을 도입할 때 얻을 수 있는 이점은 조직이나 조직이 소속된 업계 등에 따라, 그리고 향후 국내외 에너지 분야의 정부·지자체 차원의 시책 동향에 따라 큰 영향을 받을 수 있다. 이 때문에 현 시점에서는 이 질문에 대한 명확한 답을 도출하기가 어렵다. 하지만 이 책을 통해 강조하고 싶은 것 중 하나는 제3자가 조직의 EnMS를 객관적으로 확인하는 '점검'이라는 행위의 의의를 중시해야 한다는 점이다. ISO 50001은 다른 경영시스템 표준과 비교해 조직 내부 활동의 효율화를 중심으로 에너지 분야에 힘쓰는 표준이라고 말할 수 있다.

에너지 성과의 경우, 조직이 비교적 자유롭게 설정할 수 있다. 따라서 QCD(품질, 비용, 납기)의 개선에 대해 제조라인의 합리화, 조업시간 단축을 통한 공장의 공조, 조명 등의 조업에너지 감축, 단납기화를 통한 재고 관리 및 에너지 이용의 저감부터 착수하거나 경영 관리의 개혁에 ISO 50001의 PDCA 사이클을 이용하는 방법 등을 생각해 볼 수 있다. 이처럼 아이디어를 더하여 조직 전체 활동의 효율화에 적용하는 것도 가능하다. 따라서 오직 제3자에 대한 보증을 위해 인증제도를 이용하는 게 아니라 조직의 EnMS의 확립, 유지, 향상의 확인·촉진 수단으로서의 인증제도의 기능에 눈을 돌려 인증 이외의 수단과 비교 검토하여 취득의 여부를 검토하는 것은 다른 경영시스템 표준 이상의 의의가 있다.

객관적인 제3자 기관의 '조직 외부에 대한 보증'이라는 관점에서 그 목적에 부합하는 이점을 생각해 보자. QMS 표준인 ISO 9001은 성격상 시장(거래처)의 선택이 인증 취득의 동기부여로 이어져 보급되었다. EMS의 경우 다른 이해관계자, 특히 지역 환경에 대해 책임을 지는 행정 등의 사

회적 평가나 규제가 동기부여로 이어졌다. 그 후 환경에 대한 사회적 인식이 높아지면서 ISO 14001이 보급되었다. EnMS 표준인 ISO 50001의 경우에는 보증의 대상인 이해관계자의 입장에서 보면, QMS 표준보다 EMS 표준의 인증 이점에 더 가깝다. 현 시점에서는 한 조직이 활동의 에너지 효율을 높일 때 제3자(조직의 활동 범위에 존재하는 지역, 사회)가 얻는 이익은 지역 환경에 미치는 영향 이상으로 인식되기 어렵고, 오히려 지구 온난화와 같은 문제에 대한 인식이나 시책에 가깝다고 할 수 있다.

마지막으로 기업 등과 같은 조직이 사회적 책임을 지고 선진적으로 힘쓰고 있음을 알리는 이른바 홍보나 마케팅 효과도 고찰해 볼 필요가 있다.

환경과 관련된 사례를 보면 에히메현 이마바리시(愛媛縣今治市)에는 100% 풍력발전을 통한 전력을 이용하며 천연소재로 고급 타월시장을 연 '이케우치(池內)타월'이라는 기업이 있다. '바람이 짠 타월'이라는 카피로 유명한 이 회사는 ISO 9001, ISO 14001의 인증을 취득했으며, 뉴욕 홈텍스타일쇼에서의 수상을 계기로 환경과 소비자 건강이라는 측면의 선진 기업으로 타사와의 차별화를 꾀하고 있다. 이와

같은 환경뿐만 아니라 성에너지 면의 선진성을 객관적으로
나타내는 수단으로 ISO 50001 인증을 취득하는 것은 충
분히 검토할 가치가 있다.

제3장

향후 전망

ISO 50001의 보급을 위해서는

1

IEA(International Energy Agency; 국제에너지기구)의 '2012 세계에너지전망단체(WEO; World Energy Outlook)'와 동일본대지진 이후의 절전, 성에너지에 대한 사회적 요구의 증대에서도 알 수 있듯이 에너지 이용의 효율화는 지구온난화 문제, 에너지 안보 등 다양한 면에서 필수이며, 효과적인 해법이라는 인식이 점차 확산되고 있다. 하지만 지구 환경문제와 마찬가지로 조직의 에너지 효율 제고라는 성과가 제3자에게 미치는 영향은 간접적(바꾸어 말하면 외부 경제화하고 있다)이어서 '인증취득=제3자에 대한 보증'의 동기 부여가 약한 편이다. 따라서 ISO 9001, ISO 14001의 선례와 마찬가지로 초기 이해관계자와 행정 등과 같은 공적기관의 에너지 성과에 대한 인식을 제고함으로써 법 규제나 취득 기업에 대한 우대 조치 등을 마련한다면 ISO 50001의 보급에 크게 이바지할 수 있을 것이다.

또 조직, 특히 기업의 사업 활동에서 에너지 경영이 얼마나 필요한지, 그리고 경영시스템으로서 ISO 50001이 얼마나 효과적인지에 대한 인지도를 높이는 일도 ISO 50001의 보급에 중요한 조건이 될 수 있다. 특히 현재 성에너지법의 대상에서 빠져 있는 중소기업의 에너지 경영에 착안한 업무 개혁의 도구로 ISO 50001을 보급하는 일은 중소기업의 경쟁력 강화라는 면에서 매우 큰 의미가 있다. 이러한 관점에 입각하여 지원 시책을 내실화하는 것이 바람직하다.

ISO 50001
주변 표준의 동향

2011년 6월 15일, ISO의 TMB가 PC 242의 TC화를 결정하면서 TC 242의 활동이 시작되었다. 2011년 8월 현재 개발이 결정된 주변 표준은 없으나, ISO 50001에서 요구되는 에너지 경영, 특히 에너지 검토나 에너지 성과 개선의 확인·평가에 대해 실무 차원의 상세한 지침이나 규정 등과 관련한 표준을 개발할 가능성이 높다. ISO 50001은 운영 면에서 성에너지법과 모순되는 점은 없지만 향후 개발될 주변 표준은 기술적으로 더 상세해질 것이다. 그러므로 성에너지법뿐만 아니라 산업계의 업계 표준과 비교하면서 보다 넓은 시야를 가지고 개발 동향을 주시할 필요가 있다. 또한 ISO에서는 다양한 경영시스템 표준을 발행하고 개발하고 있다. ISO에서는 그 구조나 용어의 정의를 공통화하여 2006년에 ISO/TMB 산하에 JTCG(Joint Technical Coordinating Group, 합동기술조정그룹)를 설치하여 각 TC/SC가 개발, 발행하고 있는 경영시스템 표준의 양립성, 정합성을 제고하기 위한 절차 등의 개정·작성 작업을 진행하고 있다.

보급을 위한
각국의 움직임

3

현재 ISO 50001의 보급·활용에 가장 적극적인 나라는 이 표준의 제안국이기도 한 미국이다. 미국에서는 2006년부터 독자적인 EnMS 표준(ANSI/MSE 2000-2008)과 인증·평가 제도를 조합시킨 성에너지 촉진 지원 패키지 프로그램인 SEP(Superior Energy Performance)의 구축에 나서기 시작했다. ISO 50001 발행 후에는 ISO 50001을 중심으로 이 프로그램을 운영할 예정이다. 이 프로그램에서는 인증 방식 및 인증 등급을 3단계로 설정하여 에너지 원단위의 감축을 도모하고 있다. 2010년 6월에 열린 국제에너지장관회의(Clean Energy Ministerial)에서는 이 프로그램의 국제판이라고 말할 수 있는 GSEP(Global Superior Energy Performance)를 제안하고 미국의 성에너지 시책의 국제적인 전개를 지향하고 있다.

유럽으로 눈을 돌려 보면, 2009년 7월에 발행된 유럽 통일의 EnMS 표준인 EN 16001의 보급을 촉진했는데 ISO 50001 발행 후에는 EN 16001에서 ISO 50001로 바꾸어 전 유럽이 EnMS로 통일해서 보급하려는 움직임을 보이고 있다.

그 밖에 미국에 버금가는 에너지 대량 소비국인 중국의 ISO 50001 이용, 보급 실태는 일본의 중국 진출 기업을 중심으로 관심이 높다. 이는 일본에서도 표준의 보급에 영향을 미칠 가능성이 높아 향후 동향에 이목이 집중되고 있다. 일본에서는 ISO 50001의 보급 촉진을 꾀하고 일본공업규격(JIS; Japanese Industrial Standard)을 조기에 제정하기 위해 DIS 단계에서 JIS의 원안 작성을 시작하여 2011년 10월에 발행한 바 있다.

ISO 50001이 일본을 비롯한 각국의 EnMS의 확립과 제고에 이바지하기를 진심으로 바라는 바이다.

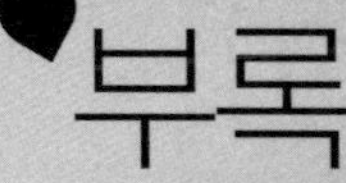

부록

- 주요 용어 해설
- 관련 표준 일람

주요 용어 해설

ESCO(Energy Service Company) 사업

고객의 수도전기 비용의 사용 상황을 분석하고, 개선하며, 설비를 도입하는 등의 초기 투자에서 설비 운영의 지도나 장치의 보수 관리까지 고객의 수도전기 비용 절약에 필요한 투자 전부 또는 대부분을 부담하여 성에너지와 관련한 포괄적인 서비스를 제공함으로써 고객의 이익과 지구환경의 보호에 공헌하는 사업이다. 성에너지 효과의 보증 등을 통해 고객의 성에너지 성과(절약 금액)의 일부를 보수로 받는다.

ISO(International Organization for Standardization; 국제표준화기구)

전기·전자 분야를 제외한 공업 분야의 국제 표준을 책정하기 위한 민간 비영리법인조직이다. 160개국 이상이 참가하고 있으며, 작성한 표준에는 ISO *****라는 번호가 붙는다. ISO에서는 표준 개발을 통상 TC(Technical Committee, 기술위원회)가 실시하는데, 현재 200여 개의 TC 가 활동 중이다. ISO 50001은 TC 242가, ISO 9000 패밀리는 TC 176이, ISO 14000 패밀리는 TC 207이 작성하고 있다.

ISO 9001

품질경영시스템을 구축, 실시, 개선하기 위한 요구사항을 규정한 국제 표준으로 2000년에 제정되어 2008년에 개정되었다. ISO/TC 176이 개 발하고 있는 품질경영시스템의 주요 패밀리 표준으로는 ISO 9000(기 본사항 및 용어), ISO 9004(품질경영시스템), ISO 10005(품질계획서 작성 지침), ISO 19011(품질경영시스템 및 환경경영시스템 감사/심사에 대한 지침) 등이 있다.

ISO 14001

환경경영시스템을 구축, 실시, 개선하기 위한 요구사항을 규정한 국제 표준으로 1996년에 제정되어 2004년에 개정되었다. ISO/TC 207이 개 발 중인 주요 패밀리 표준으로는 ISO 14004(원칙, 체제 및 지원 기법의 일반 지침), ISO 14020(환경 라벨링), ISO 14031(환경성과 평가), ISO 14040(전 과정 평가) 등이 있다.

ISO 50001

에너지경영시스템을 구축, 실시, 개선하기 위한 요구사항을 규정한 국 제 표준으로 2011년 6월 15일에 제정되었다. 에너지 효율 등의 에너지성과 및 경영시스템 자체의 성과를 지속적으로 개선하기 위해 PDCA 사이클에 따른 요구사항을 규정하고 있다.

PC 242/TC 242

미국 및 브라질의 제안에 따라 2008년에 ISO 산하에 설치된 ISO 50001을 개발하는 위원회이다. 미국이 의장 및 사무국(ANSI: 미국표준협회)을 맡고 있으며, 미국, 브라질, 영국, 중국 네 나라가 간사국을 맡고 있다. 2011년 8월 현재 61개국이 참가 중이며, 연락원으로 UNIDO와 TC 207 등과 같은 조직이 참가하고 있다.

ISO 50001의 발행과 동시에 단일 표준 개발의 PC 242에서 복수 표준 개발이 가능한 TC 242로 개발 조직이 변경되어 향후 관련 패밀리 표준을 개발할 예정이다.

동일한 경영시스템 표준의 개발위원회로는 ISO 9000 패밀리 표준을 개발 중인 TC 176(1979년 설치, 의장국 미국, 사무국 캐나다, 107개국이 참가), ISO 14000 패밀리 표준을 개발하고 있는 TC 207(1993년 설치, 의장국·사무국 캐나다, 108개국이 참가) 등이 있다.

PDCA 사이클

품질 관리의 아버지라 일컬어지는 데밍(Edwards Deming) 박사가 2차 세계대전 이후에 주창한 경영법의 하나로, Plan(계획) → Do(실행) → Check(점검) → Act(조치)의 사이클을 스파이럴 모양으로 회전시킴으로써 지속적인 경영의 제고를 꾀하는 것이다. 이 개념은 ISO 9001, ISO

14001, ISO 50001, ISO 27001 등에 채택되었다.

그 밖에 수많은 시스템의 유지, 개선에 공통적으로 통용된다는 점에서 식품의 안전을 꾀하기 위한 HACCP(Hazard Analysis Critical Control Point; 위해요소중점관리기준) 시스템과 안전보건경영시스템에도 이 개념이 도입되었다.

중요에너지 이용(significant energy use)

한 조직에서 에너지 사용량이 많거나 에너지 성과 개선 가능성이 큰 에너지 이용으로 에너지 검토를 통해 발견할 수 있다. 예를 들어 공업용 로를 사용하는 조직이라면 가열을 위한 에너지(연료)를, 빌딩 등의 건물이라면 공조나 조명 에너지를 들 수 있다. 무엇이 '중요'한가는 조직이 결정하도록 정하고 있다.

에너지 관리사 시험

성에너지법에서는 특정 조건을 충족하는 사업장 등에 대해 에너지관리사의 배치를 의무화하고 있다. 에너지 관리사는 국가 자격으로, 경제산업장관이 지정한 시험기관인 (재)성에너지센터가 매년 실시하는 에너지관리시험에 합격하거나 동 센터가 개최하는 인정 연수를 수강하여 수료시험에 합격하는 방법을 통해 취득할 수 있다. 이를 면제받기 위해서는 1년 또는 3년의 실무 기간이 필요하다. 시험 과목은 열 분야와 전기 분야라는 두 가지 선택 전문 구분이 있고 이 중 하나를 골라 각기 네 과목을 치르면 된다 (【열 분야】에너지 종합 관리 및 법규/열과 유체 흐름의 기초/

연료와 연소/열 이용 설비 및 그 관리【전자 분야】에너지 종합 관리 및 법규/전기의 기초/전기 설비 및 기기/전력 응용). 합격 과목 시험 면제 제도에 의거해 3년 이내에 4과목 전부 합격하면 된다.

에너지 원단위

에너지 효율지표 중 하나로 에너지 사용량을 규모 등의 영향을 줄여 비교하기 용이하도록 그 에너지를 사용하는 목적에 따라 환산한 것이다. 예를 들어 제품 1개당 제조 시 사용되는 에너지양이나 건물의 단위바닥 면적당 공조부하, 제품을 운반할 때의 단위수송 거리당 사용에너지(주행 연비) 등을 들 수 있다. 에너지 원단위의 역수(어느 일정량의 에너지로 제조할 수 있는 제품의 양이나 주행 거리 등)를 에너지 강도(energy intensity)라 부르기도 한다.

에너지 보존의 법칙

한 종류의 에너지를 다른 종류의 에너지로 변환한 경우에도 그 에너지의 총량은 변하지 않고 보존된다는 법칙이다. 물리학의 기본적인 법칙 중 하나로 열역학 제1법칙이라고도 불린다. 전기 등의 에너지를 사용하더라도 그 에너지는 없어지지 않고 최종적으로 주변 온도와 같은 열 등에 이용할 수 있는 형태로 흩어져서 사라진다. 이처럼 석유나 석탄과 같은 에너지 자원의 소비와 이른바 에너지의 소비는 구별하여 생각해야 하는 경우도 있다.

에너지 성과

ISO 50001에서는 '에너지 효율, 에너지 이용 및 사용량에 관한 측정 가능한 결과'라고 정의하고 있다. 예를 들어 에너지를 사용할 때의 효율이나 에너지 절약 정도, 배열·배기가스의 감축량 등을 들 수 있다. 무엇을 에너지 성과로 삼을 것인가는 조직의 에너지 방침, 목표, 세부목표에 따라 달라진다. 단, 에너지 성과는 에너지경영시스템의 성과 중 일부임을 주의해야 한다.

에너지 성과지표

에너지 성과 수준이나 그 변화를 정량적으로 나타내기 위한 지표로, 어떤 지표를 이용할 것인가는 에너지 성과의 종류나 조직의 목적에 부응하여 조직이 결정한다. 가령 에너지 원단위나 활동 기준 원가 계산 시의 에너지 원가 등과 같은 정량적인 지표를 들 수 있다. 에너지경영의 실효성을 제고하는 데 에너지 성과지표의 선택과 그 측정·평가는 매우 중요한 요소이며 경영 검토의 대상에도 포함된다.

에너지 베이스라인

에너지 성과의 변화나 개선 정도를 평가하기 위한 정량적 비교 기준으로, 조직이 정한 특정 기간의 에너지 성과 데이터를 이용하여 설정한다. 성에너지법에서는 해당 연도의 에너지 원단위를 전년도와 비교하기 때문에, 이 경우 에너지 베이스라인의 기간은 1년이 된다. 에너지 베이스라인은 조직의 에너지 사용 상황에 큰 변화가 발생한 경우에 갱신된다.

에너지 방침

에너지경영시스템에서 조직의 최고경영자가 표명한 에너지 성과에 관한 전체적인 방향이다. 에너지경영의 목표나 세부목표를 설정하기 위한 근거가 되는 것으로, 환경경영시스템의 환경 방침에 해당한다. 또 ISO 50001에서는 에너지 방침의 외부 공개는 의무화하고 있지 않으나, ISO 14001에서는 제3자가 환경방침에 접근할 수 있도록 의무화하고 있어 환경보고서 등을 통해 외부에 공개하고 있다.

에너지경영시스템(EnMS; Energy management system)

조직 활동에 필요한 에너지를 효율적으로 이용하기 위한 경영을 실행하는 시스템으로 ISO 50001에서는 '에너지 방침 및 에너지 목표를 확립하는, 상호 관련되었거나 또는 상호 관련된 요소의 집합 그리고 그들 목적을 달성하기 위한 프로세스 및 절차'라고 정의하고 있다. 같은 종류의 경영시스템으로는 고객의 만족도를 제고시키기 위한 품질경영시스템(QMS; Quality Management System)과 사회경제적 수요와 균형을 맞추면서 환경 보호 및 오염 방지를 꾀하는 환경경영시스템(EMS; Environmental Management System) 등이 있다.

에너지 검토

에너지 방침을 책정한 후에 데이터 및 기타 정보를 바탕으로 조직의 에너지 이용 상황을 파악하고, 에너지 성과의 내용을 결정하여 중요 에너지 이용이나 개선 기회를 도출하는 활동 및 그 결과로, 계획 활동 중에서도 중요한 위치를 점한다. 에너지 검토는 정기적 그리고 필요에 따라 갱신해야 한다.

온실가스 배출권 거래

교토 메커니즘의 하나로 시장 메커니즘을 활용하여 사회 전체적으로 보다 적은 비용으로 온실가스를 감축하는 시스템이다. 조직이나 정부(이하 '주체'라 한다)에 따라 온실가스의 단위당 감축 비용(감축 대책 단가)에는 차이가 있다. 그래서 주체별로 온실가스의 배출량 쿼터를 설정하고, 주체 간에 일부 배출 쿼터의 이전 또는 취득을 인정함으로써 감축 대책 단가가 높은 주체가 감축 대책 단가가 낮은 주체로부터 배출 쿼터를 구입하여 적은 비용으로 전체적인 배출 감축 목표를 달성할 수 있다.

관리 책임자

최고경영자가 임명한다. 에너지경영시스템의 확립, 실시, 개선에 대한 책임 및 권한을 갖는 책임자이다. 에너지경영팀을 조직하여 경영을 수행하나, 조직의 규모에 따라서는 몇 명이 될 수도 있고 한 명이 팀을 이루는 경우도 있다.

국제 표준(international standard)

전 세계가 범용적으로 이용하기 위해 국제적으로 합의한 표준이다. 국제 표준을 제정하는 조직을 국제표준화기구라 부르며 대표적인 기관으로는 ISO(International Organization for Standardization; 국제표준화기구)와

IEC(International Electrotechnical Commission; 국제전기표준회의)가 있다. 각국은 국제 표준을 그대로 채택하거나 그 나라의 실정에 맞게 수정하여 이용하기도 한다.

일본에서는 ISO나 IEC의 국제 표준을 필요에 따라 JIS(Japanese Industrial Standards; 일본공업규격)에 도입하여 보급을 도모하고 있다.

코제너레이션(cogeneration)

CHP(Combined Heat and Power)라고도 한다. 한 에너지원에서 여러 종류의 에너지(통상 전력과 열)를 추출하여 이용하는 시스템으로, 열병합시스템이라고도 부른다. 발전용 엔진이나 터빈과 배열을 회수하여 급탕이나 증기, 열구동식 냉방기에 공급하는 시스템을 조합함으로써 전력과 열을 동시에 이용하여 높은 종합 효율을 획득할 수 있다. 현재는 스마트에너지네트워크나 스마트그리드의 분산전원의 주요한 요소로 주목 받고 있다.

적용 범위

표준이 규정하는 대상과 그 범위로, 표준의 내용을 결정하는 중요한 부분이다. 국제 표준을 제안하고 개발할 때는 우선 이 적용 범위의 책정부터 시작한다. ISO 50001의 적용 범위 조항에는 조직이 에너지 성과의 지속적 개선을 달성하기 위한 체계적 노력을 실현하는 것을 목표로 에너지경영시스템을 확립하고, 실시하고, 유지하고, 개선하기 위한 요구 사항을 규정한다고 기술되어 있다. 즉 '누가' '무슨 목적으로' '무엇을 실행하기 위해' 약속을 규정할 것인가를 제시하고 있는 셈이다.

최고경영자

경영시스템에서 조직 경영의 최고책임자를 가리킨다. 단, 경영시스템의
대상인 조직, 기능의 수장으로, 꼭 이사나 사장 등 경영층을 가리킨다
고 단정 지을 수 없다. 공장 단위로 에너지경영시스템을 구축하는 경우
에는 해당 공장의 톱(공장장)이 최고경영자가 된다. 최고경영자의 관여
정도는 경영시스템의 실효성을 좌우하는 중요한 요소이다.

내부 심사(제1자 심사)

경영시스템이 적절하게 구축되어, 운영되고 있는지를 조직 내부에서 확
인, 검증하는 활동이다. 표준과의 관련성에서 보자면, 구축한 경영시스
템이 표준의 요구사항 및 조직이 설정한 요구사항을 충족하고 있는지,
적절하게 실시, 유지되고 있는지를 검증하는 것이다. 내부심사(제1자 심
사)의 실시자는 심사원이라 불리며 경영시스템 표준에서는 심사원이 갖
춰야 할 적격성도 규정하고 있다.

히트 펌프

열을 이동시킴으로써 대기를 비롯해 하천과 바다, 공장의 배(폐)열 등,
가까운 곳의 미이용 열을 보다 높은 온도로 이용하거나 대상인 열을 다
른 곳으로 이동시킴으로써 냉방이나 냉동을 실시하는 등 열을 추출하
여 이용하는 시스템을 말한다. 열 이동을 위해 투입된 에너지보다 많은

열에너지를 이동시킬 수 있어 에너지 절약을 실현할 수 있는 기술이다.
①기체의 확장과 압축, ②액체의 증발과 증기의 응축, ③용액의 농도 변화, ④실리카겔과 같은 흡습성 물질에 대한 수분 흡착, 탈착 등에 수반한 열의 흡수·방출을 열의 이동 수단으로 이용하고 있다.

경영 검토

경영시스템의 PDCA 사이클 중 A(개선)에 해당하는 부분으로, 최고경영자가 수행하는 중요한 경영 요소이다. 에너지경영시스템에서는 에너지 방침이나 에너지 성과, 성에너지법 등의 법적 요구사항, 내부심사(제1자 심사)의 결과 등을 포함하는 활동 내용과 그 결과를 최고경영자가 검토하여, 필요에 따라 에너지 방침을 수정하거나 에너지 성과 및 지표를 변경하고, 자원 배분의 적정화 등을 결정하여, 에너지 성과와 경영시스템의 성과 모두를 지속적으로 개선한다.

경영시스템 인증

조직의 경영시스템의 적정성, 타당성 보증에서의 자기선언, 제2자 인증(거래처 등 이해관계자에 의한 인증), 제3자 인증[외부기관인 인증기관(심사등록기관)에 의한 인증] 중 후자인 두 가지를 가리킨다. 일본에서 ISO의 제3자 인증 틀 전체를 통괄하고 있는 곳은 인증기관인 (공재公財)일본적합성인정협회(JAB)로 해외 인증기관과 상호 승인하고 있다.

관련 표준 일람

● ISO 표준

※ [ ] ( ) 안은 번역 표준(JIS)의 표준 번호와 표준 명칭이다.

ISO 9000:2005 [JIS Q 9000:2006]

Quality management systems – Fundamentals and vocabulary(품질경영시스템 – 기본사항 및 용어)

ISO 9001:2008 [JIS Q 9001:2008]

Quality management systems – Requirements(품질경영시스템 – 요구사항)

ISO 14001:2004 [JIS Q 14001:2004]

Environmental management systems – Requirements with guidance for use(환경경영시스템– 요구사항 및 사용 지침)

ISO 14065:2007 [JIS Q 14065:2011]

Greenhouse gases– Requirements for greenhouse gas validation and verification bodies for use in accreditation or other forms of recognition(온실가스 – 인증 또는 여타 승인 형식으로 사용하기 위한 온실가스에 관한 타당성 확인 및 검증을 실시하는 기관에 대한 요구사항)

ISO/IEC 17021:2011 [JIS Q 17021:2011]

Conformity assessment – Requirements for bodies providing audit and certification of management systems(적합성 평가 – 경영시스템의 심사 및 인증을 실시하는 기관에 대한 요구사항)

ISO/IEC 17024:2003 [JIS Q 17024:2004]

Conformity assessment – General requirements for bodies operating certification of persons(적합성평가 – 구성원의 인증을 실시하는 기관에 대한 일반 요구사항)

ISO 50001:2011 [JIS Q 50001:2011]

Energy management systems – Requirements with guidance for use (에너지경영시스템– 요구사항 및 사용 지침)

● 기타 표준

ANSI/MSE 2000-2008

A Management System for Energy(에너지에 관한 경영시스템)

EN 16001:2009

Energy management system − Requirements with guidance for use

(에너지경영시스템− 요구사항 및 사용 지침)

GB/T 23331-2009

Management system for Energy − Requirements(에너지에 관한 경영시스

템 − 요구사항)

OHSAS 18001:2007

Occupational health and safety management systems − Requirements

(안전보건경영시스템 − 요구사항)